Lernen mit Ausländern
Serie A:
Erfahrungen und Konzepte
Band 6

Herausgegeben von
Hans Barkowski
Richard Göbel
Hans-Jürgen Krumm

Dietmar Rösler / Romuald Skiba

Datenbank für den Sprachunterricht

Ein Lehrmaterial-Steinbruch für Deutsch als Zweitsprache

Unter Mitarbeit von
Susan Cox und Ulrike Mahler

Verlag Manfred Werkmeister

Für Emer und Kirjakula

CIP-Kurztitelaufnahme der Deutschen Bibliothek

Rösler, Dietmar:
Datenbank für den Sprachunterricht : e. Lehrmaterial-Steinbruch
für Deutsch als Zweitsprache / Dietmar Rösler ; Romuald Skiba.
Unter Mitarb. von Suxan Cox u. Ulrike Mahler.
– Mainz : Werkmeister, 1987.
(Lernen mit Ausländern : Ser. A, Erfahrungen und Konzepte ; Bd. 6)
ISBN 3-925385-09-6
NE: Skiba, Romuald:; Lernen mit Ausländern / A

Umschlaggestaltung: Peter Offenberg, Mainz
Gesamtherstellung: Georg Aug. Walter's Druckerei GmbH, Eltville am Rhein
Printed in Germany
ISBN 3-925385-09-6

Inhaltsverzeichnis

0. Vorwort

Diese Datenbank wurde von 1984–1986 im Rahmen des Forschungsprojektschwerpunkts ‹Entwicklung von Konzepten und Materialien für die Förderung ausländischer Kinder und Jugendlicher im schulischen und außerschulischen Bereich› entwickelt. Ohne die großzügige Förderung durch die Forschungskommission der Freien Universität Berlin und die logistische Hilfe durch den Fachbereich Germanistik hätte sie ihren jetzigen Umfang nicht erreichen können. Wir danken unseren Kollegen aus den anderen Teilprojekten des Schwerpunkts: Norbert Dittmar, Helmut Essinger, Gerd Hoff, Carol Pfaff, Ute Schönplug und Ulrich Steinmüller für ihre Kommentare und Anregungen; Kirjakula Manuka-Skiba, Julia Mollee, Brigitte Schulte, Antje Tünnemann und vor allem Susan Cox und Ulrike Mahler für ihre Mitarbeit bei der Analyse und Eingabe der Daten. Ein besonderer Dank gilt Hans-Jürgen Krumm, der sich durch eine frühere Fassung des Projektberichts durchgearbeitet und wertvolle Hinweise gegeben hat, die uns zu einer Überarbeitung der Version der Datenbank angeregt haben.

Dietmar Rösler
Romuald Skiba

1. Einleitung

Wer nicht mit dem *idealen* Lehrwerk – einem, das genau zu der Gruppe, die man unterrichtet, paßt – arbeitet und wer nicht beliebig viel Zeit und Energie darauf verwenden kann, genau auf die Gruppe zugeschnittene Materialien immer wieder neu zu schreiben, muß vorhandene Materialien *adaptieren.* Dazu braucht man die entsprechenden Adaptionstechniken – und eine möglichst gut sortierte Basis, von der aus man seine Auswahl treffen kann.

Wir haben die gängigen Deutsch als Zweitsprache[1] Lehrwerke analysiert, sie in knapp 3000 Einzelteile aufgebrochen und in eine Datenbank eingegeben. Statt sich nur auf das eigene Gedächtnis verlassen zu müssen oder endlos zu blättern, kann man jetzt einfach abfragen ‹Wo finde ich Material, das bei einem grammatischen Schwerpunkt Temporalangaben eine Diskussion von türkischen und deutschen Jugendlichen zum Thema hat? Wo einen privaten Brief, in dem Liebeskummer das Thema ist? Und wo Übungen zu indirekten Fragesätzen, bei denen es darum geht zu lernen, wie man sich dumm stellt, um sich aus einer mißlichen Situation herauszureden?›

Als Antwort enthält man entweder genaue Beschreibungen von Lehrmaterialien, die den gewünschten Anforderungen entsprechen oder die traurige Mitteilung, daß so etwas noch nicht existiert. Letzteres wird einem nicht passieren, wenn man nach einer Einkaufssituation fragt, wohl aber, wenn es um knifflige Probleme des interkulturellen Miteinanders geht. Die Datenbank deckt schonungslos die Schwachstellen existierender Lehrmaterialien auf.

Immerhin – wenn man weiß, daß das Material, das man gerne hätte, nicht existiert, ist man vielleicht eher bereit, es selbst zu schreiben. Aufgrund der ergebnislosen Suche in der Datenbank weiß man wenigstens, daß man nicht gerade das Rad neu erfindet. Die eigenen, selbst geschriebenen Materialien – und all die ‹grauen› Materialien, die man so herumliegen hat – kann und soll man dann in die Datenbank eingeben, so daß der Anteil der für die eigene Benutzergruppe guten Materialien stetig steigt.

Wir hoffen, mit dieser Datenbank Lehrenden, die sich im Bereich Deutsch als Zweitsprache – mit seiner schier unendlichen Vielfalt an Sprachlernbiographien, Sprachständen, Hintergründen und Lernzielen der Lernenden und Einflüssen aus dem ungesteuerten Erwerb – verausgaben und für die ‹interkulturelle Kommunikation› nicht lediglich ein modisches Didaktik-Schlagwort, sondern eine Zeit, Energie und Nerven konsumierende Herausforderung ist, einen Ausgangspunkt zu geben, von dem aus es ihnen möglich wird, die Alternative ‹mehr oder weniger stures Abarbeiten vorhandener konventioneller Materialien vs. eigenständige Neuproduktion von für die eigene Gruppe angemessenen Materialien› in den Hintergrund treten zu lassen zugunsten einer mit realistischem Arbeitsaufwand vertretbaren Adaption von vorhandenen Materialien an die Eigenarten der jeweiligen Lernergruppe.

[1] Zur Abgrenzung von Deutsch als Zweit- und Fremdsprache vgl. Kap. 1.3 aus RÖSLER (1984).

Im Gegensatz zu dem, was man sonst so bei Datenbanken assoziiert, ist dies eine absolut *dezentrale* Angelegenheit; nach einiger Zeit hat jedes einzelne Exemplar dieser Datenbank sein eigenes Profil, das sich aus der Situation vor Ort ergibt. Die Datenbank für den Sprachunterricht ist ein *reines Hilfsmittel für den Lehrer* und kein Computerprogramm, das die Entwicklung der Fremdsprachendidaktik um Jahre zurückdreht, bloß weil zu einer Maschine bestimmte Arbeitsformen besser passen als andere.

Diese Datenbank ist zuerst einmal etwas sehr Praktisches, je nach Computertyp besteht sie aus drei bis sieben Disketten, die man in die Tasche stecken und bequem mit sich herumtragen kann.

Daß dieses scheinbar so handfeste Ergebnis von so einem ausführlichen Text wie diesem hier begleitet wird, deutet darauf hin, daß es mit dem Handfest-Praktischen allein nicht getan ist. Das scheinbar einfach Handhabbare wird nur dann sinnvoll verwendet werden können, wenn es angemessen in seine Umgebung integriert wird.

Wir haben diese Datenbank «Vernetzter Lehrmaterial-Steinbruch» genannt. ‹Steinbruch›, – das weist darauf hin, daß man vorgegebenes Lehrmaterial nicht als sakrosankt betrachten, sondern es als Basis nehmen soll für die Erstellung von Materialien, die so genau wie möglich zu den Lernenden, die man vor sich hat, passen. ‹Vernetzt› – damit wollen wir ins Gedächtnis rufen, daß bei der Auswahl des geeigneten Lehrmaterials selten ein Faktor allein die entscheidende Rolle spielt, sondern daß man meistens darum ringt, ein möglichst optimales Zusammenspiel von Themen, Grammatikphänomenen, Übungsformen, Redeabsichten, Textsorten, Unterrichtsaktivitäten usw. usw. zu finden.

Der «Steinbruch», wie wir ihn zur Vermeidung des Wortungetüms «vernetzter Lehrmaterial-Steinbruch» von jetzt ab meistens nennen werden, soll zwei Aufgaben erfüllen:

a) er soll als Grundlage für lehrmaterialanalytische Tätigkeiten dienen, die über impressionistische oder rein fertigkeitsorientierte Analysen hinausgehen und
b) er soll als Voraussetzung für den tatsächlich lernerbezogenen Unterricht im Alltag unter normalen Bedingungen die Adaption von Lehrmaterial an die Gegebenheiten vor Ort erleichtern und z. T. erst möglich machen.

Wir werden uns in diesem Buch im wesentlichen auf b), auf den «Steinbruch» als Ausgangspunkt für Adaptionen, konzentrieren; a) und b) hängen jedoch, wie im folgenden gezeigt wird, enger miteinander zusammen als das hier den Anschein hat. Das Konzept «vernetzter Lehrmaterial-Steinbruch» ist im Prinzip auf jeden durch die Lernenden und ein Lernziel bestimmten Bereich des Fremdsprachenlernens anwendbar; hier wird konkret ein vernetzter Lehrmaterial-Steinbruch für den Bereich «Deutsch als Zweitsprache für Jugendliche» vorgestellt.

Im folgenden wird in den Kapiteln 2 bis 11 beschrieben, warum und wie dieser Steinbruch zustande gekommen ist und warum er als Teil einer allgemeinen Konzeption des Zweit- und Fremdsprachenlernens zu betrachten ist und nicht einfach als isolierte Datenbank. Die Kapitel 12 bis 19 beschreiben genau, wie man dem Steinbruch welche Informationen entnehmen und wie man ihn mit neuen füttern kann. ‹Computererfahrene› Leser mögen uns verzeihen, wenn sie ab und zu etwas lesen, von dem sie meinen, das müsse man doch nun wirklich nicht erklären. Sie seien auf die Kunst des Überfliegens verwiesen. Wir gehen bei der Beschreibung davon aus, daß man vor dem Steinbruch noch nicht mit Computern und Datenbanksystemen in Kontakt gekommen ist. Die Kapitel 20 bis 22 beschreiben und kommentieren den im Steinbruch erfaßten gegenwärtigen Stand der Lehrmaterialentwicklung im Bereich Deutsch als Zweitsprache, setzen diesen in Verbindung zur allgemeinen lehrmaterialanalytischen Diskussion und zeigen eine Möglichkeit auf, den Steinbruch sinnvoll in weiterbildenden Maßnahmen einzusetzen. Am Ende: Informationen für technisch Interessierte und Hinweise zur Bestellung der Disketten.

2. Lernerbezogenes Lehrmaterial

Lernerbezogener – oder schülerfreundlicher, adressatenorientierter, offener usw. – Unterricht hat in den letzten Jahren zu einigen Veränderungen im Lehr- und Lernverhalten geführt, besonders im Bereich der Arbeits- und Sozialformen.[2] Während Veränderungen im Unterrichtsalltag wie Frontalunterricht unterlaufende Sitzanordnungen, eine verstärkte Sensibilität für die Eigenschaften der Lernenden und für Lehrer-Schüler-Interaktionen usw. uns darauf hinweisen, daß hier Veränderungen tatsächlich stattgefunden haben, scheint Lernerbezug im Bereich Gestaltung von Materialien für das Erlernen einer fremden Sprache nicht so viel ausgerichtet zu haben. Die Ausrichtung der Lehrmaterialien auf die Lernenden stößt schnell auf Grenzen, auf praktisch-ökonomische wie auch auf prinzipielle.

Lehrmaterialien haben Zielgruppen; sie können ausgerichtet sein nach den Faktoren

- Alter (z. B. Kind/Erwachsene)
- Ausgangssprache (z. B. Türkisch), selten hingegen Ausgangskultur
- soziale Situierung (z. B. Arbeiter); die Kennzeichnung für ‹die Mittelschicht›, die man eigentlich am häufigsten bei DaF-Material angeben müßte, findet sich kaum; sie scheint als die unmarkierte Standardvariante zu gelten
- Inlands-/vs. Auslandssituation
- bevorzugt geförderte Fertigkeit oder Varietät (z. B. Lesekurs für Fachsprache)
- verwendete Methode (z. B. mit expliziter Grammatikerklärung).

[2] Ohne die Verdienste dieser letzten Didaktik-Welle schmälern zu wollen, sei hier nur festgehalten, daß sie allein nicht der Garant für individuelle oder soziale Emanzipation ist, für den sie oft gehalten wird. Lernerbezogener usw. Unterricht, der nicht in ein allgemeines erzieherisches Konzept eingebettet wird, kann zu einem didaktischen Trick ‹verkommen›, mit dem die Lernenden besser bei der Stange gehalten werden können.

Ein Lehrwerk, das nur diese sechs Zielgruppenbestimmungen vornehmen würde, wäre z. B. ein kognitiv orientierter Lesekurs Fachsprache für Kinder türkischer Arbeiter, die im deutschsprachigen Raum aufgewachsen und ca. 11–14 Jahre alt sind. Man weiß, daß Lehrmaterialien normalerweise nicht so stark spezifiziert sind; meist werden nur einige dieser Parameter berücksichtigt, entsprechend wenig zielgruppenbezogen ist das Material dann in bezug auf die anderen Faktoren.

Inwieweit diese hier skizzierten Faktoren und andere in die Gestaltung konventionellen Lehrmaterials eingehen, hat ökonomisch-praktische Grenzen. Es hängt davon ab, inwieweit Verlage eine Differenzierung für profitabel halten, inwieweit ‹mildtätige› Förderorganisationen nicht-profitable Differenzierungen weiter unterstützen, inwieweit Individuen oder Gruppen sich selbst ausbeuten oder inwieweit Freiräume in Forschungszusammenhängen[3] dazu herangezogen werden, an weitergehendem Zielgruppenbezug zu arbeiten.

Dies sind *praktische* Grenzen, die einer wirklich zielgruppenbezogenen Produktion von Lehrmaterialien im Wege stehen. Darüberhinaus gibt es *prinzipielle* Grenzen. Ein umfassendes Konzept von lernerbezogenem Unterricht muß auch Faktoren wie Interaktion von Lehrern und Schülern, deren jeweilige persönliche Konstitution, deren Lern- und Lehrerfahrungen usw. ernst nehmen, wenn es nicht bei einer eher oberflächlichen Kategorisierung nach Alter, Lernziel usw. stehen bleiben will. Diese die beteiligten Persönlichkeiten und ihre Interaktionen betreffenden Faktoren sind in sich äußerst komplex und miteinander verwoben. Außerdem laufen sie in gewisser Weise *quer* zu den Parametern, die normalerweise zur Zielgruppenbestimmung von Lehrmaterialien herangezogen werden. Ein Lehrwerk ‹Deutsch für Lehrende und Lernende, die auch in ihrer Freizeit gut miteinander auskommen›, hätte zum einen einen viel disparateren Verteiler als ein Lehrwerk ‹Lesekurs für junge Türken›, zum anderen wüßte man nie, ob diese Charakterisierung, die z. B. bei Lektion 1 noch zutreffen mag, auch bei Lektion 3 noch gilt; verglichen mit einer Angabe wie *Alter* ist sie äußerst instabil.

3. Konventionelles Lehrmaterial, alternative Konzeptionen und die Notwendigkeit der Adaption von gegebenen Materialien an die jeweilige konkrete Lernergruppe

Wenn also Lernerbezug mehr sein soll als gute Werbung, muß er über oberflächliche Zielgruppenangaben wie ‹Türke› oder ‹jung› hinaus die am Lehren oder Lernen Beteiligten als Persönlichkeiten und in ihren tatsächlichen Interaktionsverhältnissen ernst nehmen – von der Produktionsseite des Lehrmaterials her ist dies aber durch die

[3] Ohne den Freiraum DFG-Projekt wäre z. B. kaum ein so praxisnahes Handbuch für die Ausländerarbeit wie das von BARKOWSKI/HARNISCH/KUMM (1980) entstanden.

Instabilität, die Streuverteilung und auch durch das Zusammenspiel dieser Persönlichkeitsvariablen mit anderen Variablen des Lernens direkt nicht zu leisten.[4]

Auf diesen Sachverhalt kann man auf drei Weisen reagieren:

a) man ignoriert ihn, nimmt das Material wie es ist und arbeitet es einfach ab,
b) man erklärt es prinzipiell für ungeeignet und entwickelt als Lehrender bzw. zusammen mit den Lernenden alternative Materialien und
c) man arbeitet mit vorhandenem Material und adaptiert es für die bzw. mit der Gruppe.

Die wohl nicht gerade seltene Lösung a) halten wir aufgrund ihres fehlenden Lernerbezugs für unglücklich. Die Alternative b) klingt einleuchtend, radikal und alternativ. In manchen Kontexten wird sie verwirklicht:

- «Schulbücher sind ein Instrument der Verdummung» schreibt FREINET (1980, 50) in seinen *Pädagogischen Texten.* Sie terrorisieren Kinder und unterwerfen die Lehrer, die sich daran gewöhnten, ihr Wissen gleichförmig weiterzugeben, ohne sich darum zu kümmern, ob das Kind es aufnehmen kann. In Freinet-orientiertem Unterricht findet sich dann auch immer die Konfrontation mit Authentischem, die Versprachlichung von gemachten Erfahrungen, die Erstellung von Klassenzeitungen usw., nicht jedoch die Arbeit mit vorgegebenem Material.[5]
- «Wer in Kleingruppen lehrt und lernt, kann auf Lernbücher verzichten, kann eigene Erfahrungen einbringen, seine Phantasie voll einsetzen» (CAD (1976,4)) heißt es in einem Bericht der Cooperative Arbeitsdidaktik. Lerninhalte werden dort von den Betroffenen zusammen mit Sprachmeistern aus der sozialen und lokalen Nachbarschaft der Lernenden erarbeitet, sie kommen nicht von außen durch fremdbestimmtes Lehrmaterial. An dessen Stelle tritt selbst erarbeitetes Lernzeug.

In einem derartigen sozialemanzipatorischen Kontext, bei Freinet oder auch bei stärker psychologisierenden Ansätzen wie dem des auf Carl ROGERS (1969) aufbauenden Counseling-learning von Charles CURRAN (1974)[6] spielt die thematische Selbstbestimmung der Lernenden die entscheidende Rolle. Dem fremdbestimmten konventionellen Lehrmaterial entgegen tritt die selbstbestimmte Verarbeitung der Umgebung in sozial- und/oder individualemanzipatorischer Absicht.

Bei aller Sympathie für diesen Grundsatz sind jedoch drei Einwände für den Fall notwendig, daß die eigenständige Entwicklung von Lehrmaterial zum Prinzip für den Unterricht im Alltag unter Normalbedingungen wird; diese Einwände richten sich jedoch nicht gegen den Versuch, in Forschungsfreiräumen, Modellversuchen usw.

[4] All das, was hier über die prinzipielle Beschränkung des Lernerbezugs für den Bereich Lehrmaterial gesagt worden ist, gilt auch für den methodischen Bereich; Methoden, in denen sich bestimmte Aspekte des Lernens verselbständigen, auch wenn sie sich auf scheinbar positive, lange vernachlässigte Aspekte wie auf die Bedeutung der affektiven Komponente beim Lernen konzentrieren, laufen Gefahr, das komplexe Gesamt des Fremdsprachenlernens und -lehrens einseitig zu reduzieren. Vgl. KRUMM (1983).

[5] Vgl. zur Materialgestaltung in Freinet-orientiertem Fremdsprachenunterricht DIETRICH (1979) und MÜLLER (1981).

[6] Eine ausführliche Auseinandersetzung mit der Selbstbestimmung im Curranschen Ansatz findet sich in RÖSLER (1984, 151–165).

dieses Prinzip so weit wie möglich durchzuführen. Unter den herrschenden Normalbedingungen aber

- ist festzustellen, daß eine derartige Neuproduktion nur durch dauernde Selbstausbeutung seitens der Lehrer möglich wäre und uns deshalb als nicht wünschenswert erscheint;
- ist festzustellen, daß nicht von jedermann bzw. jeder Frau erwartet werden kann, daß er/sie die strukturierenden und ästhetischen Fähigkeiten besitzt, die die Materialerstellung erfordert, besonders da der Entwicklung dieser speziellen Fähigkeiten in der Lehrerausbildung kaum Beachtung geschenkt wird und
- ist drittens anzumerken, daß ein Erfolg der so produzierten Materialien nicht garantiert ist. Selbst wenn man unterstellt, daß sie thematisch besser auf die Lernenden zugeschnitten sind, so ist dennoch zu befürchten, daß nicht immer die komplexen Überlegungen zur Grammatik-, Intentionen-, Wortschatzprogression und Übungsvielfalt, die für die Gestaltung von Lehrmaterial notwendig sind, in die Materialerstellung eingehen, so daß eine Verbesserung im Bereich *Motivation* nicht automatisch einhergehen wird mit gesteigertem Lernerfolg bzw. mit einer Verbesserung der Materialien insgesamt.

Es scheint uns daher realistisch zu sein, als Alternative zur bloßen Abarbeitung von konventionellem Material zumindest im Alltag nicht das völlige Neuschreiben von Material zu setzen, sondern eine gemäßigtere Form, die von etwas Vorhandenem ausgeht und dieses auf die Situation vor Ort bezieht.

Daß eine derart allgemein formulierte Alternative noch verschiedene Lesarten zuläßt, wird beim Vergleich von BARKOWSKI (1982) und RÖSLER (1984) deutlich. Beide Ansätze stimmen überein in der Kritik an der Beschaffenheit des konventionellen Materials, in der Ablehnung alternativen Materials, bei dem die thematischen und interaktionalen Aspekte des Fremdsprachenlernens sich verselbständigen und dadurch den Sprach- und Kulturerwerb unnötig behindern, in der Warnung vor leichtfertig selbstgestrickten Materialien und in ihrem Beharren auf der Wichtigkeit der Lehreraus- und -fortbildung für den souveränen Umgang mit Lehrmaterial. Beide Ansätze stimmen auch darin überein, daß es einen vorerarbeiteten Ausgangspunkt für die Gestaltung des Materials vor Ort geben muß. Zumindest von der Konzeption her unterschiedlich ist die Herangehensweise an diesen Ausgangspunkt. Sehr verkürzt kann man sagen: Barkowski fordert eine flexibel nutzbare Unterrichtsgrundlage, die Lehrende,

> «die auf Basis einer Sprachstandsanalyse vom jeweiligen formalsprachlichen Gruppenniveau ausgehen wollen und dies mit Texten, Informationen, Rollenspielen, Dialogen usw. tun möchten, die nach den allgemeinen, speziellen und aktuellen Interessen der Lerner und unter deren Mitwirkung ausgewählt bzw. hergestellt werden, in die Lage setzt, dies ohne Verzicht auf Systematik und eine sinnvolle Abfolge von Lernschritten tun zu können.» (BARKOWSKI (1982, 121))

Die flexibel nutzbare Unterrichtsgrundlage ist für Barkowski eine Kommunikative Grammatik, eine «Übersicht über die grundlegenden kommunikativen Funktionen der Sprache und die Weisen ihrer Realisierung auf der Ebene der sprachlichen Mittel» (ibd., 126). Orientierungsgrundlage der kommunikativen Grammatik sind die allgemeinsten Funktionen menschlicher Sprechtätigkeit, zu denen die für sie relevanten Sprachmittel in Beziehung gesetzt werden müssen.[7] Grob gesprochen handelt es sich um eine aus einer allgemeinen Analyse abgeleitete schrittweise Herleitung einer Grundlage, deren sich ein gut ausgebildeter DaF-Lehrer kreativ bedienen kann.

In RÖSLER (1984) wird bei gleichem Ziel – ein in ein allgemeines erzieherisches und politisches Konzept eingebetteter kreativer Umgang mit Lehrmaterial, der sowohl der Sprachvermittlung als auch der Situation vor Ort gerecht wird – ein weniger grundsätzlicher, eher pragmatisch-induktiver Weg zum Umgang mit vorhandenen Materialien diskutiert. Beschrieben werden dort die verschiedenen Möglichkeiten, vorgefundenes Material so zu adaptieren, daß es zu den Lernenden vor Ort paßt. *Abbildung 1* vermittelt einen groben Überblick über die verschiedenen Adaptionsmöglichkeiten. Diskutiert werden in RÖSLER (1984) außerdem die Voraussetzungen, die geschaffen werden müssen, um Adaptionen zu einem selbstverständlichen Bestandteil lehrender Tätigkeit zu machen (Konsequenzen für die Lehreraus- und -fortbildung usw.). Damit Adaptionen mehr sein können als Verarbeitungen der beschränkten Menge von Materialien, die dem individuellen Lehrenden jeweils bekannt sind, bedürfen sie einer breiten Basis, die dort «vernetzte Steinbruch-Sammlung»[8] genannt wurde.

[7] Zur Konkretisierung gibt BARKOWSKI (1982, 216f.) an:
«Ich stelle mir das so vor,
- daß zum einen eine konsequent funktionalistisch argumentierende Zuordnung der deutschsprachlichen Mittel zu den Mitteilungsbereichen erfolgt;
- daß ferner eine Gewichtung der formalen Erscheinungen des Deutschen hinsichtlich der für sie als zutreffend angenommenen Lehr- und Lernschwierigkeiten versucht wird;
- daß auf der Basis dieser Gewichtungen Progressionen – im Sinne der Abfolge von Lernschritten – festgelegt werden, und zwar für voneinander isolierbare Lernbereiche je eigene, also etwa eine für die Verbsyntax, eine für die Genusmorphologie, um gleich die vielleicht wichtigsten zu nennen;
- daß daraufhin diese Progressionen noch einmal gewichtet werden, und zwar nach dem Kriterium: kommunikative Funktion der Sprachmittel;
- und daß schließlich gemäß diesen Ergebnissen eine didaktische Kommentierung der einzelnen Sprachmittel und ihre Verortung in den Progressionen erfolgt; die didaktische Kommentierung wäre dabei ausschließlich ein Dialog mit dem Lehrer/Didaktiker/Kursleiter, nicht aber eine adressatenspezifische didaktische Aufbereitung wie bei der ‹Kommunikativen Grammatik DfaA›.

Diese ausschließlich intrasprachliche Bearbeitung von Progression, Lehr- und Lernschwierigkeiten und didaktischem Kommentar könnte ergänzt werden durch kontrastive Anmerkungen, die zu den grundlegenden formalen Erscheinungen der deutschen Sprache die jeweiligen Äquivalente anderer Muttersprachen enthalten und ihrer Struktur und Funktion nach erklärend beschreiben, sowie Angaben darüber machen, mit welchen Lernproblemen ggf. zu rechnen ist. Dabei könnten kontrastive Überlegungen grundsätzlich nicht auf das Progressionsmodell «durchschlagen», sondern nur die Funktion haben, den didaktischen Kommentar zu erweitern.»

[8] «Darunter ist zu verstehen eine Sammlung von Materialteilen aus den verschiedensten konventionellen Materialien, systematisch geordnet nach den verschiedensten Gesichtspunkten. Eine derartige Zusammenstellung müßte Informationen zur sprachlichen Progression im betreffenden Materialteil...und lernerbezogene Informationen...ebenso enthalten wie methodische, lehrerbezogene und materialstrukturspezifische Informationen etc.. Wichtig ist, daß diese Sammlung mit ausreichend vielen Querverweisen versehen ist, so daß die Vernetzung Einstiege aus verschiedenen Perspektiven möglich macht, daß z.B. ein Benutzer, der einen Zugriff zum konventionellen Material unter bestimmten interkulturellen Gesichtspunkten tätigt, dabei gleichzeitig auf Voraussetzungen, die das betreffende Material im grammatischen Bereich macht, auf mögliche interaktive Umgehensweisen mit ihm etc. hingewiesen wird. Eine derartig geordnete, vernetzte Steinbruch-Sammlung, die man sich nicht als tatsächlichen Abdruck der Materialien, sondern eher als ständig zu erweiternden Katalog, ähnlich einer gut verschlagworteten Bibliographie, zu denken hat, kann den Grundstock für Adaptionen unter realistischen Bedingungen bilden, die nicht immer vom Punkte Null beginnen können.» (RÖSLER (1984, 283 und Fußnote))

Abbildung 1:
Überblick über verschiedene Adaptionsmöglichkeiten aus RÖSLER (1984, 234)

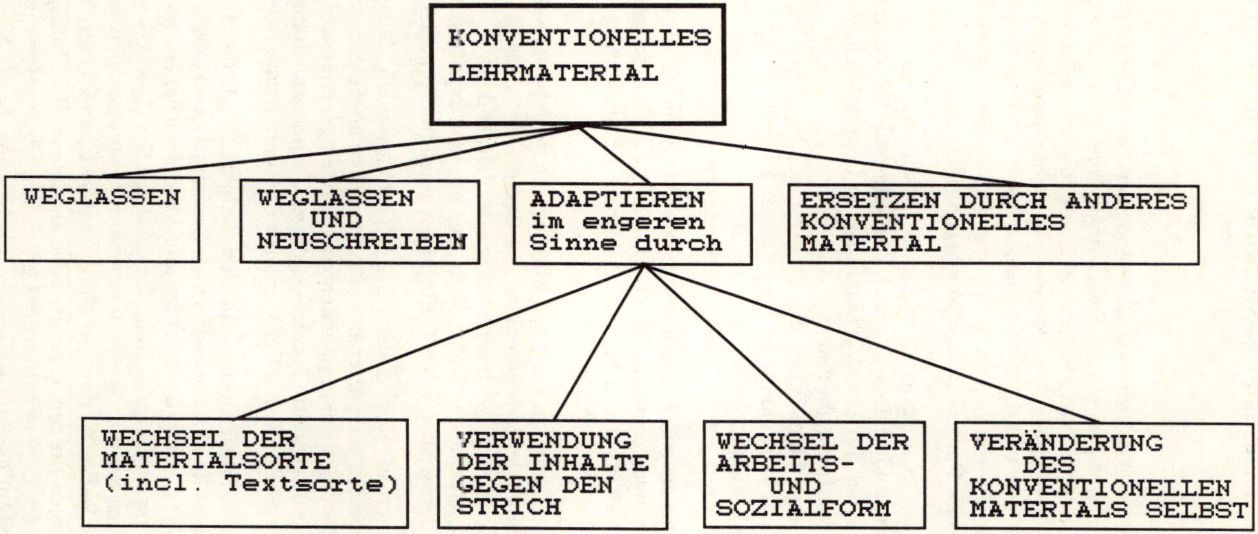

4. Der vernetzte Lehrmaterial-Steinbruch als Basis für Adaptionen vor Ort

Die Metapher «Lehrmaterial-Steinbruch» ist Ende der 70er Jahre aufgekommen, man findet sie z. B. in Piephos *Deutsch als Fremdsprache in Unterrichtsskizzen* (PIEPHO (1980, 9)) oder im Gutachten zu Lehrmaterialien für *Deutsch für ausländische Arbeiter* von BARKOWSKI et al (1980, 72). «Steinbruch» steht dort eigentlich mehr für eine Einstellung als für etwas Materielles, nämlich für die Einstellung, daß Lehrmaterial nicht als sakrosankt zu betrachten sei, sondern gemäß der Situation vor Ort verändert werden kann und muß. Für uns ist der Steinbruch zweierlei:

a) zum einen gewinnt er materielle Gestalt als Dokumentation von handhabbaren Teilen von existierendem Lehrmaterial, die aufgrund der Vernetzung vielfache Zugriffsmöglichkeiten für eine Verwendung von Lehrmaterial, die der Situation vor Ort gerecht wird, erlaubt und
b) zum anderen ist aber dieser materielle vernetzte Steinbruch nur Vehikel für eine in der Lehreraus- und -fortbildung zu verstärkende Erstellung, die Lehrmaterial als einen, wenn auch wichtigen, Faktor unter vielen sieht und mit ihm so souverän umgeht, daß er zu der jeweils konkreten Lernumgebung paßt.

Der vernetzte Steinbruch soll Lehrern, die mit der Materiallage vor Ort unzufrieden sind, Materialgestaltungen ermöglichen, die unterhalb der aufwendigen und riskanten individuellen Neuproduktion von Materialien liegen. Voraussetzungen für eine sinnvolle Verwendung des Steinbruchs sind:

- realistische Einschätzung der eigenen Möglichkeiten (in bezug auf Aufwand und Fähigkeiten), vorhandenes Material zu adaptieren;
- realistische Einschätzung der Interessenlage der Lernenden;
- realistische Einschätzung des Stellenwerts, den aus dem Steinbruch entnommenes und weiter adaptiertes Material im Geflecht des gesamten Sprachlernprozesses hat.

Dies sind Forderungen, die nicht einfach dadurch erfüllt werden, daß eine Datenbank auf den jeweils am besten geeigneten bzw. am wenigsten ungeeigneten Text verweist. Der Umgang mit dieser Lehrmaterialdatenbank muß eingebettet sein in eine Lehrerausbildung, die eine distanzierte Einstellung zu und einen souveränen Umgang mit Lehrmaterial vermittelt. In Kapitel 22 werden wir darauf genauer eingehen.

Als oberstes Organisationskriterium für den Steinbruch gilt die *Suchsituation des Benutzers.* Im Prinzip sind beinahe endlos viele Suchsituationen möglich. Die Feststellung *ich habe jetzt eine Lernergruppe mit den und den Eigenschaften, und ich möchte mir einen eigenen Kurs zusammenstellen und dabei auf den Steinbruch-Fundus zurückgreifen* ist ebenso möglich wie die *ich arbeite mit einem bestimmten Lehrwerk, ich möchte nur an ausgesuchten Stellen der dortigen Monotonie der Übungen entgehen und aus dem Steinbruch Anregungen für eine Übungsvielfalt entnehmen.* Im Prinzip könnte so ein Steinbruch daher nach Eigenschaften der Lernenden, Übungstypen usw. usw. geordnet sein. Im Normalfall dürften jedoch weder sehr weitgehende Neukonstruktionen noch die Suche nach minimalen Alternativen die Arbeit mit dem vernetzten Steinbruch bestimmen; vielmehr werden Probleme mit ‹mittlerer› Reichweite am häufigsten auftauchen, d. h. wir werden es mit Suchsituationen zu tun haben, bei denen ein Aspekt des zu Lernenden quasi gegeben ist, das Umfeld, in dem dieser Aspekt im konventionellen Material daherkommt, aber für die Lernenden unangemessen ist.

Konkret könnte das z. B. bedeuten:

a) eine Sprachstandsanalyse/ad hoc-Einschätzung des Sprachstandes der Lernenden legt es nahe bzw. die Progression innerhalb des Lehrwerkes, mit dem gearbeitet wird, erfordert es, daß ein bestimmtes grammatisches Phänomen behandelt wird; in vorhandenen Lehrmaterialien wird das grammatische Phänomen im Zusammenhang mit für die Lernergruppe unangemessenen Themen, Intentionen, Situationen behandelt.
b) Aus Diskussionen mit den Lernenden bzw. aus der Einschätzung der Bedürfnislage der Lernenden durch die Lehrenden bzw. aufgrund einer unangemessenen Art der Verarbeitung eines Themas in einem Lehrwerk ist klar, daß ein bestimmtes Thema nicht (bzw. nicht angemessen) im Lehrmaterial vertreten ist, aber behandelt werden sollte.

Ebenso können im Lehrwerk vernachlässigte Intentionen Ausgangspunkt für eine Suche im vernetzten Steinbruch sein. Gesucht werden müßten beim Beispiel a) unter den Materialien, die bei diesem grammatischen Phänomen dokumentiert sind, diejenigen, die thematisch, vom Sprachstand her, in bezug auf Intentionen usw. besser zur Lernergruppe passen bzw. die Basis für eine einfache Adaption an die Situation vor Ort darstellen. Und beim Beispiel b) müßte aus der Menge der dokumentierten Materialien zum gewählten Thema entsprechend das Material herausgesucht werden, das am besten zum Sprachstand usw. der Gruppe paßt.

Im vernetzten Steinbruch kann man konventionelle und erreichbare Materialien wiederfinden; aufgebrochen und geordnet. Entscheidend für die Bestimmung der Größe eines Bruch-Stückes ist dabei die Antwort auf die Frage: *ist das Stück groß/klein genug, damit es sich für einen Lehrenden lohnt, es für einen bestimmten Zweck herauszunehmen und für die eigene Gruppe weiter zu adaptieren?*

Ein Stück kann dabei so klein sein wie eine einzige Übung, es kann sehr groß sein, z. B. wenn es sich um einen längeren Präsentationstext mit zugeordneten Auswertungsschritten handelt.

5. Das Steinbruch-Konzept. Das Prinzip der Vernetzung

Der Steinbruch ist also kein Ersatz für Lehrmaterial, sondern ein *Werkzeug, mit dem man die Ausnutzung von vorhandenem und die Planung von neuem Material verbessern kann.* Der Steinbruch ist nie abgeschlossen; seine Benutzer können Angaben zu adaptierten Versionen von konventionellen Materialien und zu ggf. aufgrund in bestimmten Bereichen nicht vorhandener konventioneller Materialien neu erstellten Materialien eingeben und sie so den nächsten Benutzern zugänglich machen. Nach der Erstausstattung durch das Forschungsprojekt wird daher jeder Steinbruch durch seine Verwender eine individuelle Ausprägung erhalten, die die speziellen Bedürfnisse der jeweiligen Lernumgebung widerspiegelt.

Wichtig am Steinbruch ist seine *Vernetzung.* Der Benutzer fragt nicht einfach, welche Materialien zu einem bestimmten Thema oder zu einer bestimmten Redeabsicht vorhanden sind; er kann nach Kombinationen suchen lassen.

Das Konzept des vernetzten Lehrmaterial-Steinbruchs (und die von uns dazu entwikkelte Computer-Software) ist auf alle Arten von Materialien und Zielgruppen anwendbar; so sind Steinbrüche für Englisch-Materialien an der Hauptschule, für Deutsch als Fachsprache etc. möglich. Entsprechend den für die jeweiligen Zielgruppen wichtigen Fragestellungen müßten die Suchkategorien gewählt, und diesen entsprechend müßte das Programm umgeschrieben werden. Längerfristig können wir uns vorstellen, daß Lehrmaterialdatenbanken zu den selbstverständlichen Hilfsmitteln eines Lehrenden gehören werden, aus denen er das jeweils Passende für seinen Unterricht heraussucht. Aber so weit sind wir noch nicht.

Hier geht es um einen konkreten Steinbruch, um eine Datenbank für Materialien für den Bereich «Deutsch als Zweitsprache für ausländische Jugendliche».

6. Der spezielle Steinbruch für den Bereich Deutsch als Zweitsprache für ausländische Jugendliche

Dem Steinbruch-Benutzer bieten sich Zugriffsmöglichkeiten nach den Großbereichen *Thema, Grammatik, Intention* und *Textsorte.*[9] Zu jedem Eintrag findet man die folgenden Informationen:

a) Phänomen – Benennung und Spezifizierung (z. B. Grammatik/Personalpronomen/du-Sie)

[9] Eine weitere Zugriffsmöglichkeit, allerdings auf einer anderen Ebene, bietet der Steinbruch durch die Abfragbarkeit von Bewertungen (vgl. dazu genauer die Kapitel 10 und 15). Im Korrekturprogramm (vgl. Kapitel 17) bietet sich außerdem noch eine Zugriffsmöglichkeit nach einer Kombination aus Buchangabe und Kennziffer.

b) Materialsorte (z.B. Photo + Dialog + Erzähltext usw.)
c) Inhalt durch eine kurze Skizzierung des Inhalts bzw. bei der Grammatik durch genauere Angaben über die Art der Vermittlung (z.B. explizit, implizit), zu vorhandenen Übungen, Tabellen etc.
d) andere Hilfsmittel (z.B. Lehrerhandbuch, Medien)
e) Vernetzung des jeweiligen Phänomens mit anderen Bereichen innerhalb des Lehrwerks; festgehalten als Bezug zu Thema/Grammatik/Intention/Textsorte)
f) Bewertungen
g) Namen des Lehrwerks, Teil- und Seitenangabe.[10]

Dort, wo es interessant genug erscheint – und das ist leider erstaunlich selten der Fall – werden auch Angaben zu den folgenden Bereichen gemacht:

- Ausgangssprache (Welche Sprachen kommen vor? Anteil? Funktion? (z.B. Übersetzung, Bestandteil eines Textes in mehrsprachiger Situation, gewollte Fremdheitserfahrung...));
- Altersspezifität (passend zu welcher Altersgruppe? Abweichungen von der Verlagsangabe? Alter der Akteure im Text? Sind diese als Stellvertreter für die Lernenden gedacht?);
- Inlandssituation (Ort? Werden mögliche Alltagssituationen der Lernenden aufgenommen? Welche? Wie? Wird auf den natürlichen Spracherwerb Rücksicht genommen?);
- Metakommunikation (Werden die Situation in der Klasse, die zu lernende Sprache, das Lehrer-Schüler- und das Schüler-Schüler-Verhältnis, das Lehrwerk selbst usw. verarbeitet?).

Obwohl der «Steinbruch» eigentlich nur die Basis für eine explizite[11] Lehrwerkkritik ist,[12] haben wir an einigen (wenigen) Stellen auch ein paar kritische Bemerkungen einfließen lassen, die darauf hinweisen sollen, daß man die entsprechenden Materialteile vielleicht besser nur ‹gegen den Strich› verwenden sollte.

In die Analyse aufgenommen wurden auf dem Markt erhältliche *Lehrmaterialien für ausländische Jugendliche in der Inlandssituation, die unterhalb der Ebene des Zertifikats angesiedelt sind.*

Analysiert wurden folgende Lehrmaterialien:

ECKES, H. (1975): *Deutsch für Dich.* Bd. 1. München: Hueber.

ECKES, H./WILMS, H. (1975): *Deutsch für Jugendliche anderer Muttersprache.* Berufsschule. Grundkurs. Grundbuch. Grünwald: Institut für Film und Bild in Wissenschaft und Unterricht.

ECKES, H./WILMS, H. (1975a): *Deutsch für Jugendliche anderer Muttersprache.* Berufsschule. Grundkurs. Arbeitsheft. Grünwald: Institut für Film und Bild in Wissenschaft und Unterricht.

[10] Diverse Beispiele für die Darbietung dieser Informationen finden sich in den Abbildungen in Kapitel 13.
[11] Dadurch, daß er eindrucksvoll vor Augen führt, ‹was› ‹wie häufig/selten› ‹wie› ‹in welchen Lehrwerken› vorkommt (vgl. Kapitel 20), ist er natürlich zwangsläufig ein Stück implizite Lehrwerkkritik.
[12] Vgl. dazu Kapitel 21.

GÖBEL, R. (1983): *Deutsch mit Fortgeschrittenen.* Frankfurt/Main: Scriptor.

GRADEWALD, J. (1971): *Wir sind dabei.* Bd. 1. München: Hueber.

GRADEWALD, J. (1975): *Wir sind dabei.* Bd. 2. München: Hueber.

LOHFERT, W. (1983): *Kommunikative Spiele für Deutsch als Fremdsprache.* München: Hueber.

NEUNER, G. / MELLINGHAUS, G. / SCHMIDT, R. (1975): *Deutsch in Deutschland – Neu.* Teil 1. Grundkurs. Tübingen.

PETERS, F. / LAMMEL, W. (1972): *Sprechen Sie Deutsch?* Paderborn: Schöningh.

PUENTE, J. M. et al (1980): *Das Deutschbuch.* Grundbuch. Jugendliche. Niedernhausen/Ts.: Falken.

PUENTE, J. M. et al (1980a): *Das Deutschbuch.* Arbeitsheft. Niedernhausen/Ts.: Falken.

PUENTE, J. M. et al (1981): *Das Deutschbuch.* Aufbaukurs. Niedernhausen/Ts.: Falken.

SCHÄPERS, R. (1981): *Deutsch für junge Leute.* Bd. 1. München: Verlag für Deutsch.

SCHÄPERS, R. (1982): *Deutsch für junge Leute.* Bd. 2. München: Verlag für Deutsch.

SCHERLING, T. / SCHUCKALL, H.-F. / WILMS, H. (1982): *Deutsch hier.* Lehrbuch, Bd. 1. Berlin. München: Langenscheidt.

SCHERLING, T. / SCHUCKALL, H.-F. / WILMS, H. (1985): *Deutsch hier.* Arbeitsbuch. Berlin. München: Langenscheidt.

SCHÖLER, W. / GÜNHAN, H. (1983): *Deutsch für junge Türken.* Text- und Übungsbuch zum Radiolehrgang. München: Hueber.

SPIER, A. (1981): *Mit Spielen Deutsch lernen.* Frankfurt/Main: Scriptor.

7. Bericht über das Vorgehen bei der Materialanalyse

Selbstverständlich mit der Kenntnis von Grammatiken, Listen von Intentionen o. ä., aber ohne ein vereinbartes kategorielles Raster machten sich vier Analysierende an das Aufbrechen von vier Lehrwerken. Danach erfolgte ein Vergleich der bisherigen Ergebnisse und der Versuch, diese anzugleichen und zu vereinheitlichen, der zu einem ersten Analyseraster führte; dieses diente als Vorgabe für die Analyse der nächsten Materialien; aus dieser Analyse ergaben sich Änderungen der Raster, dadurch auch

Änderungen bei der Beschreibung des bereits analysierten Materials; das neue veränderte Raster diente wiederum als Grundlage für die Analyse des nächsten Materials usw. Insgesamt also ein ziemlich eindeutig induktives Verfahren: wir wollten zuerst ermitteln, wie die Lehrwerke beschaffen sind, nicht wie sie sein sollten. Auch wenn durch die gedruckte Form die festgelegten Kategorien jetzt natürlich eine gewisse Autorität erhalten haben, sollten zukünftige Benutzergruppen versuchen, auch sie als nicht mehr als den aktuellen Stand des Analyseverfahrens zu betrachten, der durch die andersartigen Bedürfnisse der aktuellen Benutzergruppe und durch neue Materialien immer wieder verändert werden kann und soll.[13]

Obwohl dieses Verfahren natürlich eine subjektive bewertende Komponente hat, glauben wir doch, mit dieser relativ leidenschaftslosen Bestandsaufnahme und der Bereitstellung von Bewertungsmöglichkeiten eine Balance zwischen vorschnell impressionistischer Lehrwerkkritik und lediglich vermessender, ‹objektiver› Lehrmaterialanalyse zu vollziehen, die es uns ermöglichen wird, von einer genau dokumentierten Materialbasis aus wertende Aussagen zu treffen.

Dieses Verfahren des dauernd zu überarbeitenden Rasters hat in den Bereichen Themen und Grammatik zu einer gewissen Stabilisierung geführt. Der Bereich Intentionen produzierte die größten Schwierigkeiten. Auseinandersetzungen mit Katalogen wie im «Zertifikat Daf» (DEUTSCHER VOLKSHOCHSCHULVERBAND/GOETHE-INSTITUT (1977)) und in der Kontaktschwelle (BALDEGGER et al (1980)) führten nicht zu einer frühen Stabilisierung des Klassifikationsrasters, Angaben in den Lehrwerken selbst zu ihren Redeabsichten waren nur mit großer Vorsicht zu genießen.

Insgesamt läßt sich feststellen, daß sich in den vorhandenen Materialien trotz weitgehend kommunikativer Orientierung weitaus weniger häufig Materialteile finden ließen, die eine bestimmte Intention als solche, die ein bestimmtes Thema behandelten. Dies ist – bei der Vielfalt der in jeder Kommunikationssituation mitspielenden Redeabsichten – auch eigentlich nicht weiter verwunderlich; es sollte all denen zu denken geben, die parallel zum Grammatikbereich so etwas wie eine intentionale Progression in Lehrwerken fordern. In RÖSLER/SKIBA (1985, 13–21) haben wir die Schwierigkeiten bei der Analyse des intentionalen Bereichs ausführlich beschrieben.

Der Bereich Textsorte hat sich seinen Platz im Steinbruch erst im letzten Jahr des Projektes gesichert, als uns klar wurde, daß all die schönen Zeitungsausrisse, Gedichte, Formulare, handgeschriebenen Briefe usw. in unserer Materialflut verloren gingen. Wir glauben zwar nicht, daß die Suche nach einer bestimmten Textsorte so oft den Einstieg in den Steinbruch initiieren wird wie die nach einem bestimmten Thema, doch wird die Differenzierung nach Textsorten sicher zum Tragen kommen, wenn man mit ihr bei fünfzig vorhandenen Einträgen zu einem bestimmten Grammatikphänomen oder einem Thema sofort die interessanteste Textvariante bestimmen kann.

[13] Wie problematisch unsere Kategorienliste an vielen Stellen ist, haben wir in Kapitel 20 dokumentiert. Die ‹kompromißlerische› Tätigkeit, bei der (endlos ausufernden) Klassifikation der Welt der Lehrwerke praktisch handhabbare Gruppierungen erstellen zu wollen, wird immer zu fragwürdigen Kategorien führen. Zur Veränderung der Kategorien vgl. Kapitel 16.

8. Die Herausbildung der Kategorien und Subkategorien

Daß die in der Datei auftauchenden Grammatikelemente denen entsprechen, die wir in traditionellen Grammatiken vorfinden, dürfte kaum jemanden überraschen. Vergleicht man den Steinbruch mit ihnen, stellt man jedoch verschieden weitgehende Differenzierungen fest, die bei unserem induktiven Vorgehen den Grad an Differenzierung in den Materialien widerspiegeln. Während im Steinbruch Bereiche wie *Tempus* oder *Pronomen* relativ differenziert vertreten sind, hat er, und d. h. haben die analysierten Materialien, z. B. in den Bereichen *Modalpartikeln* oder *Wortbildung* recht wenig zu bieten.

Der Themenkatalog spiegelt nicht die Welt wider, sondern den in den Lehrwerken wiedergegebenen Teil der Welt. Hier wird die Arbeit am Steinbruch zwangsläufig zu einer lehrwerkkritischen, ob man will oder nicht; es läßt sich z. B. feststellen, daß es für den Bereich *Religion* bisher nur verschwindend wenig Eintragungen gibt verglichen z. B. mit dem Bereich *Freizeit.* Und hinter dieser einen Religionseintragung versteckt sich ein Abdruck der Lessingschen Ringparabel, also nicht gerade ein aus dem Alltag der Lernenden entnommenes Beispiel. Im Bereich *Religion* wird man aus dem Steinbruch also nur selten adaptierbares Material entnehmen können, im Bereich *Freizeit* dagegen schon viel eher.

Wir haben die einzelnen Themen, Intentionen, Grammatikphänomene und Textsorten in Oberbereiche und Unterbereiche zusammengefaßt, um mit dieser kleinen Hierarchie die Suche zu erleichtern; auch hier hat wieder die Pragmatik die Oberhand über eine akademische Ordnung gewonnen; die Oberbereiche bewegen sich nicht immer auf der gleichen Ebene, manche Oberbereiche sollten theoretisch Unterbereiche anderer Oberbereiche sein, wären sie nicht so umfangreich oder als Suchsituation alltagsrelevant. Die Häufigkeiten weisen darauf hin, daß manche Bereiche noch ziemlich alleinstehend sind (*Religion* z. B. ist jetzt mit anderen zu der immer noch ziemlich leeren Superkategorie *Wertsystem/Weltanschauung* vereinigt worden), manche sind in sich ziemlich differenziert.

Wie problematisch die Bildung von Oberbereichen ist, sei an dem Bereich *Wohnen* illustriert. Die dort aufgenommenen Materialien zum Thema *Miete, Mieten, Mietrecht* kämen natürlich auch in einem Bereich *Recht* zu ihrem Recht, die zum Thema *Wohnstile, Wohngewohnheiten* paßten natürlich auch zum Bereich *Sitten und Gebräuche,* und *Benennung der eignen Anschrift* ließe sich auch unter *Angaben zur Person* verbuchen. In unklaren Situationen entschieden Antworten auf – meist zu dritt diskutierte – Fragen wie

- welcher Aspekt überwiegt im Text oder
- worunter würde man so einen Text am ehesten suchen.

Genauso wichtig allerdings: der Steinbruch darf nicht über Gebühr aufgegliedert sein; wichtig für den Benutzer ist die Dokumentation diverser Texte zur Auswahl in einer Suchsituation, nicht die Präsentation eines Textes pro Eintrag in einem extrem fein gegliederten Themenraster.

Da die Projektmitglieder untereinander häufig Beschreibungen und Einordnungen verworfen und durch andere ersetzt haben, nehmen wir an, daß in diversen Fällen andere, besonders natürlich die Verfasser der jeweiligen Materialien, ebenfalls anderer Ansicht sind. Wir müssen davon ausgehen, daß bei knapp 3000 analysierten Einheiten keine Übereinstimmung mit allen Benutzern zu erzielen ist. Um so wichtiger ist der Hinweis darauf, daß alle Einträge im Steinbruch relativ problemlos wieder veränderbar sind.

9. Der Steinbruch bildet den Stand der Dinge in der Lehrmaterialentwicklung ab, er produziert selbst kein Material – er zeigt, was vorhanden ist und wo Nachholbedarf vorliegt. Er ist permanent ergänzungsbedürftig

Der Steinbruch ist mit 2756 vielfach vernetzten Angaben bestückt und gibt eine interessante Basis für zielgruppengerechteren Umgang mit Lehrmaterial ab. Trotzdem wird er nur beschränkt einsatzfähig sein. Die jeweiligen Exemplare müssen vor Ort verändert, ergänzt und erweitert werden, wenn der Steinbruch sein Ziel erreichen will, ein Vermittler zwischen weitgehend lernerunspezifischen Verlagsprodukten und einzelkämpferischen Bemühungen um neues Lehrmaterial zu sein. Der Steinbruch zeigt, für welche Bereiche Materialien in Hülle und Fülle vorhanden sind, die ausschlachtbar oder adaptierbar sind und die neuzuschreiben dementsprechend Zeit- und Energieverschwendung wäre und wo in den Lehrmaterialien ‹Ebbe› ist – nach dem gegenwärtigen Stand der Dinge z.B. in den Bereichen Religion, Natur, interkultureller Kontakt, gesprochenes Umgehen mit Fachsprache – wo also ein Ausschlachten von Vorhandenem selten möglich ist und wo dementsprechend neu produziert werden muß.[14] Neu produziert wird dann hoffentlich nicht vielfach nebeneinander, sondern mit der geballten Energie einer regionalen Gruppe, die dann auch von der Progression her abgesicherte Materialien so gestaltet, daß sie leicht entsprechend der ganz konkreten Unterrichtsrealität adaptiert werden können und die das neu produzierte Material dann auch in den Steinbruch einfüttert.

Verändert werden kann die Erstladung auf verschiedene Weisen:

A. Änderung der Materialbasis

Möglich ist hier:

a) *Der Steinbruch wird ‹entschlackt›:*
einzelne Einträge oder eventuell ganze Lehrwerke, die die jeweilige Benutzergruppe im Hinblick auf ihre konkreten Lernenden für gänzlich ungeeignet hält,

[14] Genau aufgezählt, wieviele Materialien zu welchem Thema, zu welcher Intention usw. in der Erstausstattung vorhanden sind, wird in Kapitel 20.

werden aus der Datenbank herausgenommen. Wie das gemacht wird, wird in Kapitel 17 beschrieben.

b) *Der Steinbruch wird erweitert*
1. durch die Analyse von neu auf dem Markt erscheinenden Lehrwerken und die darauf folgende Eingabe von allen analysierten Einheiten bzw. den Einheiten, die man als geeignet für die eigene Lernergruppe ansieht;[15]
2. durch die Analyse und darauf folgende Eingabe von allen vor Ort selbstgemachten oder vorhandenen ‹grauen› Materialien und
3. durch die Neueingabe von Daten zu selbstgemachten Materialien, die selbst als Adaptionen von bereits im Steinbruch vorhandenen Materialien betrachtet werden können.[16]

In Kapitel 19 wird beschrieben, wie diese Erweiterungen durchgeführt werden können. Zumindest bei der Eingabe von neuen Lehrwerken (Erweiterung b1), unter gewissen Umständen auch bei b2, ist es empfehlenswert, dies in einem institutionalisierten Rahmen zu tun und sich ggf. auch die Arbeit des Analysierens mit benachbarten Steinbruch-Benutzergruppen zu teilen. Wir werden in regelmäßigen Abständen aktualisierte Listen mit den Anschriften aller Benutzer, die möchten, daß sie auf so einer Liste erscheinen, versenden, um entsprechende Kontaktaufnahmen möglich zu machen.

Je mehr der Steinbruch verwendet werden wird und je mehr einzelne Benutzergruppen selbst Lehrwerke und eigene Materialien analysieren und eingeben, desto mehr, so nehmen wir an, müssen vorhandene Kategorien geändert oder eingeführt werden, und desto mehr wird der Wunsch wachsen, die Beschreibungen der Erstladung zu verändern durch Hinzufügung eigener Kommentare und durch die Korrektur von Erstbeschreibungen, die nicht der Sicht der jeweiligen Benutzergruppe entsprechen.

B. Änderung einzelner Einträge

Möglich ist hier:

a) *Der beschreibende Text wird geändert.*
Diese Änderungen können verschiedenster Art sein; sie können von der Korrektur von übersehenen Tippfehlern der Erstladung bis zur völligen Neubeschreibung eines Materialteils, dessen Erstbeschreibung man als unangemessen ansieht, reichen. Häufiger werden wohl Hinzufügungen sein; Hinzufügungen von eigenen

[15] Hier ist die jeweilige Benutzergruppe des «Steinbruchs» in einer weitaus besseren Lage als wir. Während wir uns verpflichtet fühlten, alles, was irgendwie als Einheit betrachtet werden konnte, in den «Steinbruch» aufzunehmen, da wir für alle möglichen Benutzergruppen, also auch für Lehrmaterialanalytiker, die an Vollständigkeit interessiert sind, Materialien bereitstellen müssen – auch wenn wir oft der Meinung waren, der und der Eintrag lohne sich nun wirklich nicht – wird die jeweilige Benutzergruppe sehr genau entscheiden können, welche Aufnahmen sinnvoll sind und welche nicht.

[16] Obwohl in solchen Fällen Original und Adaption bei Suchläufen nach dem Bereich, der bei beiden gleich geblieben ist, vom Programm immer zusammen gemeldet werden, empfiehlt es sich, bei Original und Adaptionen jeweils einen Verweis auf das jeweils andere hinzuzufügen, damit auch bei Suchläufen nach Bereichen, in denen sie sich unterscheiden, der Hinweis auf weitere vorhandene und evtl. bessere Fassungen nicht verloren geht.

Bewertungen, Unterrichtserfahrungen oder von Informationen, die für die jeweilige Benutzergruppe als wichtig angesehen werden. Ebenso könnten natürlich Passagen aus der Erstladung gestrichen werden, oder es kann Kommentaren/ Bewertungen der eigenen Benutzerkollegen widersprochen werden. Die einzige Beschränkung, die das Programm hier produziert, ist eine der Textlänge.

b) *Die Kategorien werden geändert.*
Im Gegensatz zu den beschreibenden Texten, die für das Programm einfach nur ein Block von Zeichen sind, den es als ganzes abspeichert und wieder auf den Bildschirm bringt, handelt es sich bei den Kategorien der vier Großbereiche und bei den Bewertungskategorien (siehe nächstes Kapitel) um das eigentliche Herz des Steinbruchs; nach diesen Kategorien kann gesucht werden, sie sind abfragbar.

Wir haben ja gerade schon[17] darauf hingewiesen – und werden dies in Kapitel 20 noch ausführlicher tun –, daß diese Kategorien aus der Analyse gewachsen und logisch nicht immer konsistent sind. Entsprechend wird sich bei der Eingabe weiterer Materialien die Notwendigkeit ergeben, vorhandene Kategorien umzubenennen, sie bei großem Zuwachs von einem Unter- in einen Oberbereich zu ‹befördern›, neue Kategorien einzuführen usw. Diese Änderungen wirken sich stärker auf die Benutzung des Steinbruchs aus als die am beschreibenden Text. Während letztere von jedem individuellen Benutzer vor und nach jeder Benutzung durchgeführt werden können, ohne daß es dabei zur Verwirrung von Kollegen kommt, sollten Veränderungen der Kategorien, die die Suchläufe bestimmen, nur nach Konsens in der Benutzergruppe eingegeben werden.[18]

Verändert werden können alle Ober- und Unterbereiche der Großbereiche Themen, Intentionen, Grammatik und Textsorte; außerdem alle Belegungen der Bewertungen (vgl. die Kapitel 10 und 15). Nicht – jedenfalls nicht ohne Eingriff in das Programm – verändert werden können die Großbereiche selbst. Wer also alle Themen abschaffen und diesen Großbereich durch einen anderen ersetzen möchte, sollte uns vorher konsultieren. Die Durchführung der Veränderung der Kategorien wird in Kapitel 16 beschrieben.

Keine dieser Veränderungen ist notwendig. Man kann den Steinbruch auch einfach nur als Datenbank verwenden, die die gängigen Lehrwerke dokumentiert. Damit sind die Eigenschaften des Steinbruchs allerdings nicht ausgelastet. Es empfiehlt sich, ihn zu verändern, wenn auch nicht sofort, und vor allem nicht sofort auf allen Ebenen.

Am Anfang sollte man die eine oder andere Textveränderung einführen, Erstladungsbeschreibungen ändern, die man für besonders ungeeignet hält oder eigene Erfahrungen hinzufügen. Danach sollte man den einen oder anderen Neueintrag vornehmen, Adaptionen eingeben oder einzelne Materialien.

[17] Vgl. die Kapitel 7 und 8.
[18] Nach einigen «Steinbruch»-Benutzungen weiß man auswendig, welche Kategorien welche Kennziffern haben, man arbeitet kaum noch mit dem Inhaltsverzeichnis. Kategorienänderungen, von denen man nichts gehört hat, bringen dann plötzlich unerwartete Ergebnisse.

Erst nachdem man sich eingespielt hat – in den Steinbruch und als Benutzergruppe – sollte man größere Neueinträge machen, ein gemeinsam analysiertes neues Lehrwerk z.B. oder eine Bestandsaufnahme von all den Materialien, die in verschiedenen Ordnern herumliegen. Mit der wachsenden Zahl von neuen Einträgen ergibt sich dann automatisch die Notwendigkeit, Kategorien zu erweitern und neu einzuführen.

Natürlich kann man auch sofort Kategorien ändern, die einem als nicht zutreffend erscheinen. Zu tun gäbe es in dieser Beziehung genug. Nur – man sollte sich durch eine allzu große Begeisterung fürs Umordnen nicht davon abhalten, den Vorteil des Steinbruchs, eine schnelle und ziemlich umfangreiche Orientierung über vorhandene konventionelle Materialien für bestimmte Unterrichtsanforderungen zu liefern, von Anfang an zu genießen.

10. Das Problem der Bewertung

Nach unserer Auffassung muß der Steinbruch zwei Forderungen zugleich nachkommen, die so aussehen, als könnte man sie nicht zusammenbringen, nämlich:

a) Die Entwicklung im Bereich der Lehrmaterialanalyse hat uns gezeigt, daß diese sich nicht auf eine vermessende und beschreibende Aktivität beschränken darf, sondern sich der Aufgabe des Bewertens zu stellen hat (vgl. dazu ausführlicher Kapitel 21); diese Bewertungen sollen so konkret wie möglich sein, d.h. für genau umrissene Lernerkonstellationen und Lernziele im weitesten Sinne (also nicht nur Erwerb der Fertigkeit X, sondern auch des allgemeinen Lernziels Y). Der Steinbruch als lehrmaterialanalytische Unternehmung hat daher eine bewertende Komponente zu haben.
b) Die ganze Konzeption des Steinbruchs ist daraufhin ausgerichtet, sich der jeweiligen konkreten Benutzergruppe unterzuordnen. Im Idealfall gleicht keine Kopie des Steinbruchs nach einiger Benutzungszeit mehr der anderen. Dieses dezentrale Prinzip verbietet es eigentlich, daß von den ‹zentralen› Erstausstattern Bewertungen festgeschrieben werden, die notwendigerweise allgemeiner und ungenauer sein müssen, als es durch konkrete Benutzer erstellte Bewertungen sein können. Der Steinbruch als dezentral genutzte Datenbank dürfte also in seiner Erstausstattung eigentlich keine Bewertungen haben, sondern müßte den Benutzern alle Freiheiten lassen.

Da wir ja auch im Bereich Deutsch als Zweitsprache nicht gerade in einer idealen Welt leben, wäre es wohl blauäugig anzunehmen, daß Forderung a) allein schon dadurch erfüllt würde, daß wir uns darauf verlassen, daß gemäß Forderung b) jede Benutzergruppe von sich aus ein Bewertungssystem einführt, das möglichst auch noch auf dem letzten Stand der Lehrmaterialanalysediskussion beruht. Dagegen sprechen die üblichen ‹störenden› Bedingungen aus der realen Welt wie Geld- und Zeitknappheit,

Kompetenzstreitigkeiten usw. Auch können wir beim gegenwärtigen Stand der Lehreraus- und -fortbildung im Bereich Deutsch als Zweitsprache und bei den nicht immer langfristig gesicherten Arbeitsverhältnissen der darin Arbeitenden nicht davon ausgehen, daß jede(r) die notwendigen lehrmaterialanalytischen Kenntnisse und Fertigkeiten hat, die notwendig sind, um diese Bewertungen konsequent in den Steinbruch einzuführen. Von daher müßten also Bewertungsmöglichkeiten bereitgestellt werden.

Andererseits wäre es aber fatal, wenn die zentralen Bewertungen so starr vorgegeben wären, daß sie Bewertungen durch die konkreten Benutzer verhindern und damit die bestenfalls zweitbeste Lösung festschreiben würden. Das verstieße gegen die grundsätzlich dienende Funktion des Steinbruchs. Wie aber sieht das flexible Bewertungs-Weltkind in der Mitten aus, das Bewertungen nahelegt, ohne sie jemandem unnötig aufdringlich vorzusetzen?

Technisch gesehen bietet der Steinbruch Bewertungen auf zwei Ebenen:

1. rein textliche Bewertungen und
2. abfragbare Bewertungen.

ad 1:

‹Rein textlich› heißt: dort, wo es Informationen über den Inhalt des jeweiligen Lehrmaterials, über seine Materialsorte usw. gibt, kann es auch bewertende Informationen geben. Art und Gestaltung dieser Bewertungen unterliegen – abgesehen von ihrer Länge – keinen Beschränkungen. Man kann hier z.B. festhalten, daß das betreffende Lehrwerk in den Mannheimer Gutachten, beim Gutachten von BARKOWSKI et al (1980) oder in irgendeinem anderen Gutachten soundso bewertet worden ist. Oder man kann sich als Gruppe von Lehrenden daranmachen, einen eigenen Bewertungskatalog aufzustellen und das Material zu bewerten, am besten im Rahmen einer Weiter- oder Fortbildungsveranstaltung (vgl. Kapitel 22). Oder man kann nach der individuellen Benutzung festhalten, wie man die Arbeit mit dem betreffenden Material gefunden hat – mit Nennung des eigenen Namens als Bewerter. Ein Kollege kann nach dem Prinzip ‹wenn X den Film positiv rezensiert, weiß ich, daß er mir nicht gefallen wird› aus dieser Bewertung durchaus seine eigenen Schlüsse ziehen. Diese bewertenden Eintragungen sind relativ einfach durchführbar; wie – das wird in Kapitel 17 beschrieben.[19] Bewertungen dieser Art können sehr verschiedenartig, ausführlich und beliebig wieder veränderbar sein; auch können gegensätzliche Bewertungen durch verschiedene Kollegen nebeneinander stehen. Ihr Vorteil: abgesehen von gewissen Längenbeschränkungen sind sie völlig frei. Ihr Nachteil (wenn es denn einer ist): man sieht sie, genau wie auf einer Karteikarte, immer erst dann, wenn man die Beschreibung des entsprechenden Materials schon in der Hand bzw. auf dem Bildschirm hat. Man kann nicht nach ihnen suchen lassen.

ad 2:

Im Vergleich dazu fällt der große Vorteil der abfragbaren Bewertungen auf – man kann nach ihnen in Kombination mit bestimmten Themen, Textsorten usw. suchen lassen.

[19] Bei dieser Art von Bewertung handelt es sich von der Technik her gesehen um nichts anderes als um eine Korrektur des beschreibenden Textes.

Der Nachteil hier: die Anzahl der möglichen Bewertungen ist auf vier, bzw. maximal auf vier Gegensatzpaare, beschränkt, damit das Programm bei seinen Suchläufen nicht zu langsam wird. Bei den abfragbaren Bewertungen müssen die jeweiligen Benutzer oder Benutzergruppen von Anfang an festlegen, nach welchen Kriterien sie die Materialien bewerten wollen. Es empfiehlt sich daher, die abfragbaren – im Gegensatz zu den rein textlichen – Bewertungen nicht gleich vom ersten Tag an einzuführen, sondern erst zu warten, bis man sich auf ein einigermaßen konsensfähiges Bewertungsmodell verständigt hat.

Dem Computer ist es völlig egal, wie die Bewertungen aussehen, solange es sich nicht um mehr als vier oder vier Gegensatzpaare handelt. Eine Benutzergruppe kann z. B. die folgenden Bewertungen beschließen:

* für unsere Schüler direkt übernehmbar
* geringe Adaptionen notwendig
* wird wohl einige Überarbeitung erfordern
* für unsere Schüler ungeeignet

Eine andere mag vielleicht lieber Noten geben: von 1 bis 4. Die technische Durchführung von Bewertungen dieser Art ist relativ unproblematisch. Etwas mehr gedanklichen Aufwand erfordert die Bewertung mit Gegensatzpaaren. Vorstellen könnte man sich z. B. Kontrastbewertungen wie

* ist für die Reifegruppe ‹beginnende Pubertät› besonders gut geeignet vs. es ist für sie auf keinen Fall geeignet
* enthält diskriminierende nationale und Geschlechtsstereotype[20] vs. es ist frei von ihnen
* ist langweilig vs. es ist inhaltlich motivierend
* kann als erster Einstieg in ein Thema genommen werden vs. es setzt viel voraus

oder:

* explizite vs. rein implizite Grammatikvermittlung[21]
* Grammatikeinführung unnötig kompliziert vs. angemessen
* enthält nur mechanische geschlossene Übungsformen vs. enthält offene Übungsformen
* enthält speziell gestaffelte vs. keine besonderen Aufgaben zur Hinführung zum Leseverständnis

Das Problem bei dieser Art der Bewertung: alle Eintragungen des Steinbruchs werden bewertet, d. h. man legt eine Bewertung fest, ordnet sie bestimmten Einträgen zu – und alle anderen Einträge erhalten dann automatisch die gegensätzliche Bewertung. Man

[20] Ein solches Verdikt heißt nicht automatisch, daß das Material unbrauchbar ist. Es ist dann wahrscheinlich besonders gut für alle Unterrichtsaktivitäten geeignet, die die Stereotype zum Thema machen oder einen Rollentausch durchspielen.

[21] Informationen dazu finden sich bereits in der Erstausstattung; sie sind aber ‹rein textlich›, d. h. sie können nicht abgefragt werden. Wer meint, diese Art von Information sei zu wichtig, um ‹nur› als Information vorhanden zu sein, kann ein Gegensatzpaar ‹opfern› und sie damit zu einer abfragbaren machen. Dies gilt natürlich nicht für ‹explizite vs. implizite Grammatikvermittlung›, sondern auch für alle anderen Informationen, die wir im Steinbruch bereithalten.

muß sich also sehr sicher sein, daß auf alle Einträge tatsächlich eine der beiden Bewertungen zutrifft und daß man auch tatsächlich alle Einträge mit diesem Gegensatzpaar bewertet haben will.

Bei nur vier Kategorien hingegen, bei denen die gegensätzliche Bewertung jeweils nicht-definiert bleibt, ordnet man die Bewertungen nur den Einträgen zu, für die man das ausdrücklich will.

Man wird im Laufe der Zeit sehen, daß mit zunehmenden Eingaben von neuem Lehrmaterial vor Ort der Anteil der negativen (wie ‹ungeeignet› und ‹größere Adaptionen erforderlich›) Bewertungen, die sicher für das Material der Erstladung in größerer Anzahl festgelegt werden werden, zurückgeht zugunsten der positiven Bewertungen. In Kapitel 15 wird beschrieben, wie diese abfragbaren Bewertungen in den Steinbruch eingeführt werden können.

Am besten genutzt wird das Bewertungspotential des Steinbruchs sicher durch ein Zusammenspiel von rein textlichen und abfragbaren Bewertungen. Die abfragbaren sollten innerhalb der Benutzergruppe möglichst nicht kontrovers sein und so gefaßt sein, daß ihre Kategorien nicht zu allzu divergierenden Auslegungen einladen. Die differenzierenden Bewertungen, die auch verschiedene und ggf. widersprüchliche Unterrichtserfahrungen widergeben, sollten sich in den rein textlichen Bewertungen befinden, die es erlauben, genauer auf das jeweilige Lehrmaterial einzugehen.

11. Computer und Fremdsprachenlernen – einige Grundsatzbemerkungen

Da die Einleitung rote Tücher wie *Computertyp* und *Diskette* enthielt und da Sie jetzt immer noch weiterlesen, gehören Sie entweder zur Gruppe der ‹professionellen Zwangsleser› und/oder zu der Gruppe von mit dem Fremdsprachenlernen Befaßten, die beim Thema Computer und Fremdsprachenlernen (FU) zumindest nicht unter Protest den Text verlassen.

Das trifft sich gut, denn, da wir als Produzenten dieses Textes und des Computerprogramms bestimmt nicht zu den Leuten gehören, die meinen, daß Computer schon deshalb in den Sprachunterricht hineingehören, weil sie neu, schnell und technologisch-fortschrittlich sind, könnten wir vielleicht zu einer einigermaßen rationalen Verständigung kommen.

Platt gesagt sind wir der Auffassung, *daß ein Computer genau dann für den FU nützlich ist, wenn er für den FU nützlich ist.* Niemand wird auf die Idee kommen, einen Kuchenteig mit einem Kaffeelöffel anzurühren, wenn er eine Rührmaschine hat; niemand, der eine Rührmaschine hat, wird sie dazu verwenden, den Kaffee umzurühren. Normalerweise wissen wir, welches *Werkzeug* wir wann wie angemessen einsetzen. Für das Thema Computer und FU heißt das beispielsweise:

- Eine Drillübung mit einem Autorenprogramm[22] schreibe ich genau dann, wenn ich der Meinung bin, daß ich im Unterricht an einer bestimmten Stelle eine Drillübung brauche und daß ich sie mit dem Autorenprogramm einfacher, schneller und mindestens ebenso lernerangemessen wie auf andere Weise erstellen kann. Umgekehrt darf ich natürlich nicht Drillübungen an dafür ungeeigneter Stelle in den Unterricht einführen, bloß weil ich jetzt so ein schönes Spielzeug habe.
- Vokabellernen mit Firlefanz auf dem Bildschirm ist genau richtig für Kinder, die ansonsten vielleicht keine Vokabeln lernen würden und durch Pseudo-Spiel-Komponenten dazu gebracht werden, ansonsten ist es eine Verschwendung von Zeit und Energie.
- Wenn ich in einer Lernergruppe nur einen Teilnehmer habe, der mit bestimmten Präpositionen seine Schwierigkeiten hat, dann könnte es hilfreich sein, wenn ich ein – auf seinen Sprachstand zugeschnittenes – Präpositionenübungsprogramm hätte, auf das ich ihn verweisen könnte.

Eher eindeutige Antworten erfordernde Übungen wie Auswahl aus vorgegebenen Hör- und Leseverständnis-Übungen, Einfüllen von Lücken bei Übungen in den Bereichen Flexion und Wortschatzarbeit oder bestimmte Spiele auf dem Computer sind nur dann sinnvoll, wenn sie mit ihm zumindest gleich gut, gleich schnell und gleich angemessen erstellt und/oder durchgeführt werden können wie ohne ihn. Bei einer Checkliste zur Arbeit mit Computern im Unterricht darf daher nie die Frage «Ist es sinnvoll, dies auf dem Computer zu machen» (LANGENSCHEIDT-REDAKTION (1985, 61)) fehlen.

Verglichen mit den Versprechungen, mit denen sich Sprachlabor und Programmierte Instruktion in den Fremdsprachenunterricht drängten, nicht zuletzt deshalb, weil man hier ‹weichen› Fachbereichen endlich mal ‹harte› Geräte verkaufen konnte, ist zumindest die akademische Diskussion um die Einführung des weitaus mächtigeren Mikrocomputers in den Unterricht erstaunlich realistisch.

> «Lehrer, die sich vom Computer sehr viel mehr als die Unterstützung sprachmechanischer Abläufe erhoffen, vernachlässigen möglicherweise das beste kommunikative Gerät, das ihnen zur Verfügung steht: sich selbst und das Klassenzimmer»

heißt es in LANGENSCHEIDT-REDAKTION (1985, 17). Und das relativ frühe Erscheinen von solide und abwägend geschriebenen Einführungen wie AHMAD et al (1985) gibt zumindest zu der Hoffnung Anlaß, daß wir nicht alle Fehler in der Diskussion des Verhältnisses von Fremdsprachenlernen und Technologie wiederholen müssen.

Längerfristig, wenn wir über die aus Enthusiasmus geborenen Pionier-Programme hinausgehen wollen, brauchen wir größere, konzertierte Unternehmungen; d.h. Computerprogramme, die bei der Individualisierung und Binnendifferenzierung mitwirken, die auf ein Lehrwerk oder einen Kurs bezogen sind und die weder die soziale Dimension des Fremdsprachenlernens unterminieren noch die Lernenden in bezug auf

[22] Wer mit dem Begriff ‹Autorenprogramm› nichts anfangen kann, der lese z.B. die Einführung in RÜSCHOFF (1986).

Wortschatz, Strukturen usw. aus dem Kursprogramm reißen, sondern im Gegenteil dafür sorgen, daß sie sozial und sprachlich integriert bleiben; sprachlich dadurch, daß sie individuelle Schwächen bei Teilen des Kursprogramms durch genau auf diese zugeschnittene Hilfsprogramme aufheben helfen, und sozial evtl. dadurch, daß sie die mit der Position des Schwachen ggf. verbundenen Einstellungen des Kurses zu dem betreffenden Kursteilnehmer zumindest am Anwachsen hindern.

Mit dem Steinbruch bewegen wir uns nicht auf der Ebene *Computer und Linguistik*[23] und auch nicht auf der Ebene *Computer im Unterricht.* Wir gehen auch über die Ebene *Computer als Hilfsmittel für Lehrer beim Materialschreiben,* wie sie mit Autorenprogrammen gegeben ist, hinaus. Der Steinbruch ist, wie jede Bibliographie, der periphere, schnell zugängliche Speicher dessen, was man als idealer Lehrer eigentlich alles wissen müßte, um souverän das angemessene Material für die jeweilige Zielgruppe auszuwählen, aber als realer Lehrer natürlich nicht im Kopf haben kann.

Mit dem Steinbruch haben wir, so glauben wir jedenfalls, eine Ebene erreicht, wo die Diskussion um Nutzen und/oder Schaden des Computers für den FU nicht mehr greift; der Steinbruch als permanent erweiterbares lehrmaterialanalytisches Außen-Gedächtnis des Lehrenden kann für den Unterricht nur von Nutzen sein; stören kann er nur all diejenigen, die an der ununterbrochenen Abarbeitung eines bestimmten Lehrwerks interessiert sind.

12. Ein Suchdurchgang

Bevor wir uns der Beschreibung der Arbeitsweise und der bisherigen Ladung des Steinbruchs zuwenden, wollen wir – noch ohne in irgendwelche Einzelheiten zu gehen – anhand eines Beispiels durchspielen, was für Aufschlüsse uns unsere Datenbank über vorhandenes Lehrmaterial und damit indirekt auch immer über den Stand der Lehrmaterialentwicklung gibt.

Unterstellen wir einmal, wir suchten Material, das seinen grammatischen Schwerpunkt im Bereich *Satzteile* hat und thematisch etwas mit dem *Verhältnis von Deutschen und Ausländern* zu tun hat. Unsere Datenbank kommt mit der Antwort, daß sie sieben Einträge führt, auf die diese Anforderungen zutreffen:

1. Einen Kommentar zu ausländerfeindlichen Ansichten aus GÖBEL (1983, 60), in dem *daß*-Sätze eine besondere Rolle spielen.
2. Ein Gespräch über die Unmöglichkeit einer ‹ausländerfreien› Bundesrepublik, ebenfalls mit dem grammatischen Schwerpunkt *daß*-Sätze (ibd., 146).
3. Sechs gezeichnete ironische Gründe dafür, warum Ausländer in die Bundesrepublik kommen, die Teil einer Präsentation von *Kausalangaben* sind (PUENTE et al (1980, 175)).

[23] Die in sich wiederum mehrfach zu unterteilen ist. Vgl. als aktuellen Überblick SKIBA (1987, 2–27).

4. Einen Katalog von Fragen ‹Warum sind Ausländer in Deutschland› (ibd., 165). In den Antworten sind *weil*-Sätze gewünscht.
5. Zwei formale Übungen, bei denen der Besuch eines deutschen VW-Arbeiters bei seinem italienischen Ex-Kollegen, der jetzt bei FIAT arbeitet, den Hintergrund abgibt, bei denen das Üben von *Angaben* und *Lokal-* und *Direktivergänzungen* jedoch klar im Vordergrund steht (SCHERLING/SCHUCKALL/WILMS (1985, 53f.)).
6. Einen Bericht eines Spaniers über seine ersten Monate in Deutschland – das Wetter scheint dabei sein Hauptproblem gewesen zu sein –, der mit *indirekten Fragesätzen* und *daß*-Sätzen angereichert ist (PETERS/LAMMEL (1972, 144)).
7. Eine Diskussion zwischen deutschen und türkischen Jugendlichen in einem Jugendtreff über dessen Selbstverwaltung, wobei es zu einer Auseinandersetzung über Ausländerfragen kommt. Dabei kommen *Temporalangaben* gehäuft vor (SCHÖLER/GÜNHAN (1983, 86ff.)).

Soweit der Stand der Dinge bei einer Anfrage nach einer Kombination aus Thema *Ausländer – Deutsche* und Grammatik *Satzteile.* Zusätzlich zu kurzen Zusammenfassungen der Inhalte und zu den bibliographischen Angaben erfährt man aus dem Steinbruch noch, welche anderen Themen und Grammatikphänomene jeweils involviert sind, ob bestimmte hervorgehobene Redeabsichten besonders demonstriert werden, welche Grammatikprogression in dem betreffenden Lehrwerk bis zu der angezeigten Lektion vorhanden ist, ggf. welche Übungsformen vorhanden sind, was an bewertenden Informationen vorliegt usw. In unserem Beispiel hätte die Vernetzung noch die Hinweise geliefert, daß Eintrag 3 die Textsorte Cartoon hat, daß bei Eintrag 5 grammatisch neben den Lokalangaben auch Präpositionen und Temporal- und Modalangaben eine Rolle spielen und daß bei Eintrag 7 grammatisch zusätzlich noch mit Präpositionen und Fragepronomen zu rechnen ist. Bei den Einträgen 1, 2, 4 und 6 waren keine zusätzlichen Vernetzungshinweise vorhanden.

Natürlich kann es sein, daß einem keine dieser sieben vorgeschlagenen Einheiten zusagt. Dann ist man nur um weniges schlauer als zuvor und muß ggf. selbst etwas Neues schreiben. Aber immerhin weiß man durch die Suche, daß man aller Voraussicht nach nicht gerade im Begriff ist, das Rad noch einmal zu erfinden. Und wenn man die selbst geschriebene Alternative zu dieser Kombination anschließend in die Datenbank eingibt, besteht die Hoffnung, daß der nächste Kollege, der mit Material, das zu dieser Kombination und der Lernergruppe vor Ort paßt, arbeiten will, dann etwas hat, von dem er ausgehen kann.

Vielleicht hilft einem ja aber einer dieser sieben Einträge weiter. Es lohnt sich auf jeden Fall, nach dem Negativverfahren den am besten geeigneten bzw. am wenigsten ungeeigneten Textkandidaten herauszusuchen. Wer stärker inhaltlich arbeiten will, der schließt als erstes sicher die formalen Übungen mit dem thematischen Hintergrund aus; wer das Thema eher als motivierende Hilfe für eine Dosis Grammatik betrachtet, die zu einem gewissen Zeitpunkt dringend erforderlich ist, der wird diesen Eintrag sicher als letzten ausschließen. Wer das Thema ‹kritisch› angehen will, wird sicher den Text aus PETERS/LAMMEL (1972) als ersten aus dem Rennen nehmen, es sei denn, er/sie will ihn als Gegenstand kritischer Reflexion verwenden.

Der Steinbruch gibt also, abgesehen von den in Kapitel 10 beschriebenen Bewertungen, nicht vor, was für wen zu benutzen ist. Welcher der sieben Einträge in unserem Beispiel derjenige wird, den man übernehmen, den man bearbeiten oder von dem man sich anregen lassen kann, hängt ab vom Interesse der Lehrer und Schüler, von deren Stand der Sprachentwicklung, von dem Zeitaufwand, der notwendig ist, um den Text passend für diese Gruppe zu machen und und und. Zwischen den Extremen, entweder einen Text direkt übernehmen zu können oder nur die thematische Grundidee oder eine Übungsform als Anlaß für eine weitgehende Neubearbeitung zu nehmen, werden alle möglichen Varianten von Adaptionen liegen.

Sieben Einträge als Ergebnis sind nicht viel. Es gibt Bereiche, wo das Suchergebnis noch magerer ausfallen wird, und Bereiche, die weitaus mehr Einträge liefern. Was das über den Stand der Lehrmaterialentwicklung sagt, darauf werden wir in unserem Kommentar zu den Inhalten der ersten Ladung in Kapitel 20 und generell in Kapitel 21 noch eingehen.

13. Ausführliches zur Ausgabe: Wie man als ‹normaler› Benutzer ohne Computerkenntnisse den Steinbruch verwenden kann

Für die Kapitel 13 bis 19 gilt: die trockene Lektüre der Gebrauchsanweisung läßt alles komplizierter erscheinen als es ist. Wir empfehlen, die Kapitel 13 bis 19 *immer im Zusammenhang mit der Benutzung* des «Steinbruchs» anzugehen.[24]

Für die Eingabe, Verwaltung und ständige Ergänzung von Daten bieten sich Computer als Werkzeug an. Für den Aufbau und die Verwaltung von Daten gibt es auf dem Software-Markt viele relationale Datenbanksysteme, die für verschiedenste Anwendungsbereiche vorgesehen sind. Die große Flexibilität dieser Systeme zieht zwangsläufig eine nicht vorstrukturierte Benutzeroberfläche nach sich, was die Erlernbarkeit derartiger Programme erschwert. Der Anwender ist vor dem Benutzen der Systeme gezwungen, eine nicht unbeträchtliche Zahl von Befehlen zu erlernen, um die in der Datenbank gespeicherten Informationen nach verschiedensten Kriterien aufrufen zu können.

Bei dem Entschluß, das Programm «Steinbruch» selbst zu erstellen, spielte das Prinzip der benutzerfreundlichen Bedienung des Programms eine hervorragende Rolle. Dabei durften selbstverständlich die Vorteile einer relationalen Datenbank (Erweiterbarkeit, Vernetzbarkeit der Datenbestände) nicht vernachlässigt werden.

[24] Im Prinzip müßte man den Steinbruch auch ohne die Lektüre der folgenden Kapitel verwenden können, da jede Bildschirmseite in natürlichem Deutsch immer erklärt, was man als nächstes machen kann. Aber das begleitende Durchlesen vermittelt einem natürlich viel mehr Informationen, Anregungen und Bearbeitungsmöglichkeiten als die Angaben auf dem Bildschirm.

«Steinbruch» besteht aus drei Hauptblöcken: Eingabe, Ausgabe und Hilfsprogramme. Die Vernetzung der Datenbestände erfolgt bei der Eingabe in die Datenbank. Der Ausgabeteil des «Steinbruchs» bietet verschiedene Abrufmöglichkeiten der vernetzten Daten an. Hilfsprogramme dienen der Neuordnung (Löschen, Korrigieren, Umbenennen) und Bearbeitung (Festlegung der Grammatikprogression oder der Bewertungskategorien) von Daten.

Im folgenden werden wir ausführlich die wichtigsten Anwendungsmöglichkeiten von «Steinbruch» beschreiben. Wir beginnen mit der Beschreibung der Ausgabe (Kapitel 13.2 und 13.3). Wer schon einmal mit einem Computer gearbeitet hat, kann das Kapitel 13.1 überschlagen; dort erklären wir die Tastatur und liefern ein paar grundlegende Informationen über Computer. Wer noch nie etwas mit einem Computer zu tun gehabt hat und wem die Tasten, die er nicht von einer normalen Schreibmaschine her kennt, noch ein Rätsel sind, der gehe jetzt direkt zu Kapitel 13.1 und kehre nach der Lektüre hierher zurück. JETZT.

In den Kapiteln 14–18 werden die Hilfsprogramme beschrieben. Kapitel 19 behandelt den Eingabeteil des Programms. Die Ausgabe braucht man unmittelbar, und da mit ihr keine Veränderung der Datenbestände einhergeht, kann man bei ihr auch nichts ‹kaputtmachen›. Bei der am Ende von Kapitel 9 empfohlenen Reihenfolge der ‹Inbesitznahme› des «Steinbruchs» – erst Ausgabe, dann kleinere textliche Änderungen, dann Veränderung von Kategorien und Eingabe neuer Materialquellen – folgt man der Reihenfolge der Darstellung in den Kapiteln 13 bis 19. Auf jeden Fall sollte man einige Zeit mit der Ausgabe von Daten gearbeitet haben, bevor man sich an die Kapitel 15 bis 19, also an die Änderungen und Neueingaben, macht.

«Steinbruch» ist ein sog. menügesteuertes Programm, d. h. der Anwender bekommt auf dem Bildschirm verschiedene Benutzungsvorschläge angeboten, und seine Aufgabe besteht darin, aus dem Angebot den von ihm gewünschten auszuwählen. Die Menüs sind hierarchisch aufgebaut, d. h. das jeweils nächste Menü bietet die Möglichkeit, entweder auf der gewählten Ebene neue Benutzungsmöglichkeiten aufzurufen oder zurück zum vorherigen Menü zurückzukehren. *Abbildung 2* zeigt den Aufbau des Hauptmenüs. Das Auswählen der Benutzungsvorschläge erfolgt im Hauptmenü durch Eintippen des jeweils ersten Buchstabens der gewünschten Anwendung. In anderen Programmteilen sind auch andere Wahlmöglichkeiten vorhanden.

Durch das Drücken des Buchstabens ‹A› bzw. ‹a› im Hauptmenü erscheint das hierarchisch untergeordnete Ausgabemenü. *Abbildung 3* zeigt das erste Menü der Ausgabe.

Der Ausgabeteil von «Steinbruch» bietet also zwei Einstiegsmöglichkeiten an. Diese werden im folgenden (Kap. 13.2.1–13.2.3 und 13.3) genau beschrieben. Der Zugriff auf eine der vorgegebenen Benutzungsmöglichkeiten erfolgt im Ausgabeteil von «Steinbruch» auf folgende Art: eine der auf dem Bildschirm sichtbaren Alternativen ist graphisch hervorgehoben. Durch das Drücken der Eingabetaste wird sie aufgerufen. Durch das Drücken der Pfeiltasten hat der Anwender die Möglichkeit, vor dem Aufruf eine andere Alternative hervorzuheben, um diese dann aufzurufen. Die jeweils letzte Alternative (im Beispiel in *Abb. 3* ‹ZURÜCK ZUM HAUPTMENÜ›) kann auch mit

Abbildung 2:
Hauptmenü von Steinbruch

```
Der "Steinbruch" umfaßt zur Zeit 2756
 Einträge.

1240 aus dem Bereich "Themen"
1098 aus dem Bereich "Grammatik"
 240 aus dem Bereich "Intentionen"
 178 aus dem Bereich "Textsorten"

Wählen Sie bitte:

  E (ingabe,     A (usgabe,      I (nfo,
  H (ilfsprogramme,        S (chluss :■
```

Abbildung 3:
Erstes Menü der **Ausgabe**

Sie haben zwei Möglichkeiten, dem Steinbruch Informationen zu entnehmen.

1. Sie rufen die Inhaltsverzeichnisse auf, informieren sich über bisher vorhandene Kategorien und rufen danach Material aus einem Bereich ab.

2. Sie wissen schon genau, nach welcher Kombination aus Thema, Grammatik, Intention und Textsorte Sie suchen. Dann rufen Sie sofort die vernetzte Ausgabe auf.

Aus dem unten angezeigten Menü wählen Sie mithilfe der Pfeiltasten.
Die jeweils gewählte Alternative wird graphisch hervorgehoben.
Mit der Eingabetaste rufen Sie sie auf.

Wählen Sie bitte die gewünschte Einstiegsmöglichkeit !

AUSGABE via INHALTSVERZEICHNIS　　VERNETZTE AUSGABE
ZURÜCK ZUM HAUPTMENÜ

der ESC-Taste aufgerufen werden. Die Ausgabe von «Steinbruch» folgt also dem leicht erlernbaren Prinzip: *die Eingabetaste wird benutzt, um zum jeweils nächsten Menü zu gelangen oder um eine Funktion aufzurufen; die ESC-Taste bricht die aktuelle Funktion ab und führt zum vorherigen Stand zurück; die Pfeiltasten und die Leertaste bereiten die nächste Auswahl vor.*

Bei der Suche nach Lehrmaterial sieht «Steinbruch» zwei Einstiegsmöglichkeiten vor: *Ausgabe via Inhaltsverzeichnis* und die *Vernetzte Ausgabe.*

Es empfiehlt sich, am Anfang über das Inhaltsverzeichnis einzusteigen, um eine Übersicht über den Inhalt und Umfang von «Steinbruch» zu bekommen. Bei diesem Einstieg stehen dem Benutzer folgende Funktionen zur Verfügung: Inhaltsverzeichnisse der Ober- und Unterbereiche auf dem Bildschirm betrachten und/oder sie auf den Drucker ausgeben lassen;[25] Anzahl der Einträge im jeweiligen Ober- oder Unterbereich ausgeben lassen; Genaueres über die Vernetzung der jeweiligen Einträge erfahren; Einträge des jeweiligen Ober- und Unterbereiches und/oder die mit ihnen vernetzten Einträge auf den Bildschirm bzw. den Drucker ausgeben lassen (siehe weiter unten Kapitel 13.2.1 bis 13.2.3).

Bei der zweiten Einstiegsmöglichkeit können speziellere Suchwünsche berücksichtigt werden, was eine gewisse Vertrautheit mit dem Inhalt von «Steinbruch» voraussetzt. Folgende Funktionen stehen hier zur Verfügung: Bestimmung der Art der Suche nach Lehrmaterial (sowohl bezüglich des gesuchten Bereiches als auch der Genauigkeit bei der Suche); Informationen über weitere Vernetzung der gefundenen Einträge; Ausgabe der gefundenen und/oder der mit ihnen vernetzten Einträge auf den Bildschirm bzw. Drucker. (Siehe weiter unten 13.3)

13.1 Steinbruch für Computeranfänger

Da wir annehmen müssen, daß auch völlig computerunerfahrene Benutzer den «Steinbruch» verwenden wollen, wird der eigentlichen Programmbeschreibung eine kurze Erklärung der nötigsten Begriffe vorangestellt.

Die Funktionen eines Computers lassen sich in drei Bereiche unterteilen: Eingabe, Verarbeitung und Ausgabe von Daten (z. B. Zahlen, Texte). Um diese Funktionen zu steuern, kann der Benutzer dem Computer Befehle erteilen. Damit die Maschine bei der Eingabe Befehle von Daten unterscheidet, kann sie in zwei Modi arbeiten und dazwischen schalten: Befehlseingabe und Dateneingabe. Die Festlegung, durch welche Eingaben der Rechner gesteuert werden kann, wird von den Programmierern der verschiedenen Programme festgelegt.

Der Bildschirm ist eins der Ausgabemedien eines Rechners. Je nach Art des Monitors und der internen Graphikkarte kann er Graphik und Buchstaben monochrom oder

[25] Die Tabellen in Kapitel 20 stellen das Inhaltsverzeichnis der Erstladung dar; man kann sie sich bei der Arbeit danebenlegen bzw. herauskopieren und an die Wand hängen.

farbig darstellen. Teile des dargestellten Textes können hervorgehoben (durch Farbe oder Helligkeit der Buchstaben) dargestellt werden. Auch die aktuellen Eingaben von der Tastatur werden auf dem Bildschirm dargestellt. Die Stelle, an der das Schreiben fortgesetzt wird, ist durch ein blinkendes Zeichen gekennzeichnet (sog. Schreibmarke oder Cursor).

Die Tastatur ist eins der Eingabemedien eines Rechners. Sie ähnelt der Tastatur einer Schreibmaschine in vielem. Folgende Tasten benötigen eine besondere Erklärung.

Die Eingabetaste hat die Aufgabe, das Ende einer Eingabe zu signalisieren; außerdem wird sie dazu benutzt, eine neue Zeile anzufangen (= Wagenrücklauf bei einer Schreibmaschine). Sie befindet sich auf der rechten Seite des alphabetischen Feldes einer Tastatur, ist größer als die anderen Tasten und oft mit der Aufschrift ‹Return› bzw. ‹Enter› versehen oder durch einen Pfeil nach links gekennzeichnet.

Die ‹Escape›-Taste befindet sich in der linken Ecke entweder des alphanumerischen oder auch des numerischen Feldes. Sie ist mit der Aufschrift ‹Esc› bzw. ‹Eing Lösch› versehen. Ihre Funktion kann sehr verschieden sein. In «Steinbruch», wie auch in vielen anderen Programmen, dient sie der Unterbrechung der aktuellen Funktion und der Rückkehr zum vorherigen Stand.

Die meisten PC-Tastaturen verfügen über zwei Löschtasten. Die eine befindet sich in der rechten oberen Ecke des alphanumerischen Feldes und ist mit dem Pfeil nach links gekennzeichnet. Sie wird benutzt, wenn ein sich links von der Schreibmarke befindendes Zeichen gelöscht werden soll. Die andere befindet sich auf dem untersten Teil des numerischen Tastenfeldes, ist mit ‹Del› bzw. ‹Lösch› beschriftet und löscht ein Zeichen, das sich unter der Schreibmarke befindet. Beide Löschtasten können zur Korrektur von Eingaben benutzt werden, wenn diese (als Bestätigung) mit der Eingabetaste abgeschlossen werden müssen.

Die Pfeiltasten dienen zur Steuerung der blinkenden Schreibmarke. Sie befinden sich am rechten Teil der Tastatur und sind in einen numerischen Tastaturblock integriert. Sie sind einsatzfähig, wenn die Kontrollampe ‹NUM LOCK› nicht leuchtet. Sie sind durch Pfeile in vier Richtungen auf den numerischen Tasten ‹2›, ‹4›, ‹8›, ‹6› gekennzeichnet.

Die Control-Taste befindet sich am linken Rand des alphabetischen Tastenblockes. Sie ist mit der Aufschrift ‹Ctrl› bzw. ‹Strg› versehen. Sie dient zur Eingabe von nicht druckbaren Zeichen, die verschiedene Steuerungsfunktionen erfüllen und wird, wie die Umschalttaste bei einer Schreibmaschine, gedrückt gehalten, während das zweite Zeichen eingetippt wird.

Die Funktionstasten befinden sich an der linken Seite der Tastatur. Sie sind von F1 bis F10 (manchmal ist die F10-Taste als F0 beschriftet) durchnumeriert. Ihre Funktionen sind je nach Programm unterschiedlich. In «Steinbruch» erscheint ihre mögliche aktuelle Funktion stets auf dem Bildschirm.

Alle oben beschriebenen Tasten können auch mit anderen Funktionen belegt sein. Die Tastenbelegung wird beim Programmieren festgelegt.

Massenspeicher eines Rechners sind Geräte, die zur Speicherung und Aufbewahrung von Daten dienen. Die zwei gängigsten Massenspeicher sind Diskettenlaufwerke mit Disketten und Festplatten. Die Speicherkapazität von Disketten ist kleiner als die von einer Festplatte: das Fassungsvermögen der meisten Disketten ist auf ca. 360000 Zeichen (360 Kilobytes) begrenzt; das der Festplatten ist um Mehrfaches größer.[26] Die Verschiedenheit der Massenspeicher wird in «Steinbruch» berücksichtigt (vgl. Kapitel 23 und 24).

Diese Informationen sollten denjenigen Lesern, die noch kaum Kontakt mit Computern hatten, einige allgemeine Informationen liefern. Im Kapitel 24 werden sie noch um auf die Benutzung (Anpassung und Starten) von «Steinbruch» bezogene Hinweise ergänzt.

13.2 Suchsituation A: Der Benutzer möchte sich darüber informieren, was bisher an Materialien zu einem bestimmten Thema, einer bestimmten Intention, einer bestimmten Textsorte oder einem bestimmten Grammatikphänomen vorliegt

Im folgenden wollen wir genauer auf den Ausgabeteil – AUSGABE VIA INHALTSVERZEICHNIS von «Steinbruch» eingehen.

13.2.1 Erstes Menü und Inhaltsverzeichnis

Das erste Menü in dieser Art der Ausgabe bietet die Wahl des Großbereiches an. *Abbildung 4* zeigt die Alternativen bei der Wahl.[27] Nach der Auswahl durch den Benutzer liest das Programm die Namen der Oberbereiche des gewählten Großbereichs ein, sortiert sie und gibt sie zusammen mit ihren Kennziffern auf den Bildschirm aus. *Abbildung 5* zeigt die entsprechende Bildschirmseite (aus dem Bereich Themen). Wenn nicht alle Inhaltsverzeichniseinträge auf dem Bildschirm Platz finden können, hat der Benutzer die Möglichkeit, den Cursor mit Hilfe der Pfeiltaste-‹Pfeil nach unten› zur Mitte des Bildschirms zu bewegen, um auf diese Weise das Inhaltsverzeichnis nach oben rollen zu lassen (siehe *Abbildung 6*): Die Pfeiltaste-‹Pfeil nach oben› führt zum Ausgangsbild zurück.

Mit der Betätigung der F1-Taste druckt man die Inhaltsverzeichnisliste. Es erscheint danach ein kleines Menü mit den Details zum Druck, bei dem der Befehl bestätigt werden muß (vgl. *Abbildung 7*). Es ist ratsam, sich die Inhaltsverzeichnisse neu ausdrucken zu lassen, nachdem man einige Kategorienveränderungen durchgeführt hat.

26 Das vorliegende Buch (ohne Abbildungen) besteht aus ca. 220000 Zeichen, es hat auf zwei Dritteln einer Diskette Platz.

27 Die Wahl eines der Bereiche leitet den Lesevorgang für die Indexdatei ein. Dieser dauert je nach Umfang der Daten und Art des Massenspeichers einige Zeit.

Abbildung 4:
Erstes Menü der *Ausgabe via Inhaltsverzeichnis*

STEINBRUCH - AUSGABE - via INHALTSVERZEICHNIS

Aus dem unten angezeigten Menü wählen Sie mithilfe der Pfeiltasten.
Die jeweils gewählte Alternative wird graphisch hervorgehoben.
Mit der Eingabetaste rufen Sie sie auf.

Wählen Sie bitte den Bereich, dessen Inhaltsverzeichnis Sie sehen wollen:

THEMEN GRAMMATIK INTENTIONEN TEXTSORTEN

Abbildung 5:

Zweites Menü der *Ausgabe via Inhaltsverzeichnis*: am Beispiel Themen

```
01  Ausländer - Deutsche
02  Emigration (Heimweh)
03  Vorurteile/Stereotype
04  Sitten - Gebräuche
05  Essen/Trinken
06  Menschliches Miteinander
07  Familie - Rollen
08  Körper - Gesundheit - Krankheit
09  Individuum (Namen, Aussehen, Kleidung, Angaben zur Person)
10  (explizite) Landeskunde (im traditionellen Sinne)
11  Kunst, Kultur
12  Sprache, Sprachenlernen
13  Wertesystem - Weltanschauung
14  Wohnen
15  Arbeit
16  Freizeit
17  Wirtschaft - Geld - Einkaufen
18  Zeit
19  Medien
20  Schule
21  Sich verhalten zu: Institutionen, Bürokratie

INHALTSVERZEICHNIS DER OBERBEREICHE - THEMEN / PFEILE=BEREICH WECHSELN /
ESC=ZURÜCK ZUM VORHER. ZUST. /EINGB.TASTE=MEHR INFO /F1=AUSDRUCK DER LISTE
```

Abbildung 6:
Inhaltsverzeichnis der Oberbereiche nach dem Abrollen: am Beispiel Themen

```
06  Menschliches Miteinander
07  Familie - Rollen
08  Körper - Gesundheit - Krankheit
09  Individuum (Namen, Aussehen, Kleidung, Angaben zur Person)
10  (explizite) Landeskunde (im traditionellen Sinne)
11  Kunst, Kultur
12  Sprache, Sprachenlernen
13  Wertesystem - Weltanschauung
14  Wohnen
15  Arbeit
16  Freizeit
17  Wirtschaft - Geld - Einkaufen
18  Zeit
19  Medien
20  Schule
21  Sich verhalten zu: Institutionen, Bürokratie
22  Post und Verkehr
23  Auto - Technik
24  Geographie, räumliche Orientierung
25  Natur
26  Dies und das

INHALTSVERZEICHNIS DER OBERBEREICHE - THEMEN / PFEILE=BEREICH WECHSELN /
ESC=ZURÜCK ZUM VORHER. ZUST. /EINGB.TASTE=MEHR INFO /F1=AUSDRUCK DER LISTE
```

Abbildung 7:
Druckmenü

```
06  Menschliches Miteinander
07  Familie - Roll
08  Körper - Gesun  Bitte den Drucker einschalten,
09  Individuum (Na  um Inhaltsverzeichnis zu drucken
10  (explizite) La
11  Kunst, Kultur   Wenn bereit - die F1-Taste drücken
12  Sprache, Sprac
13  Wertesystem -   andere Tasten = abbrechen
14  Wohnen
15  Arbeit
16  Freizeit
17  Wirtschaft - Geld - Einkaufen
18  Zeit
19  Medien
20  Schule
21  Sich verhalten zu: Institutionen, Bürokratie
22  Post und Verkehr
23  Auto - Technik
24  Geographie, räumliche Orientierung
25  Natur
26  Dies und das

 INHALTSVERZEICHNIS DER OBERBEREICHE - THEMEN / PFEILE=BEREICH WECHSELN /
 ESC=ZURÜCK ZUM VORHER: ZUST. /EINGB:TASTE=MEHR INFO /F1=AUSDRUCK DER LISTE
```

Die Bewegung des Cursors auf dem Bildschirm hat die Funktion, den aktuellen Oberbereich zu markieren. Dieser wird dann graphisch hervorgehoben. Der nächste Befehl bezieht sich dann auf den so markierten Bereich. Das Betätigen der Eingabetaste läßt das nächste Menü auf dem Bildschirm erscheinen. In ihm erhält man Informationen über die Zahl der Einträge zu diesem hervorgehobenen Oberbereich. Es bietet dazu die folgenden Benutzungsmöglichkeiten: ‹EINTRÄGE LESEN› (beschrieben in 13.2.2) und ‹UNTERBEREICHE› (beschrieben in 13.2.3). *Abbildung 8* zeigt dieses Menü am Beispiel der Wahl des Oberbereichs *Körper – Gesundheit – Krankheit.*

Die Information über die Anzahl der Einträge bietet außer einer allgemeinen Orientierung auch eine Hilfe bezüglich der Wahl des nächsten Schrittes: es hätte ja wenig Sinn, eine Anzahl von mehr als fünfzig Einträgen lesen zu wollen, die sich auf ein allgemein formuliertes Oberthema beziehen, wenn man ein Interesse an feinerer Differenzierung hat; dagegen ist nicht immer nötig, nach Unterbereichen zu differenzieren, wenn man z. B. nur fünf vorhandene Einträge hat, die man schnell lesen kann.

13.2.2 Lesen der Einträge

Nach der Wahl dieser Option erscheint auf dem Bildschirm die Ausgabemaske mit dem ersten Eintrag, die wir in *Abbildung 9* wiedergegeben haben. In der oberen rechten Ecke und auf den untersten Zeilen des Bildschirms werden in Kästchen Steuerungsmöglichkeiten des Lesevorgangs dargestellt.

Die Eingabetaste bewirkt, daß ein neuer Eintrag auf dem Bildschirm erscheint. Wenn man die Einträge nicht in der (in der Eingabe festgelegten) Reihenfolge ihres Auftretens lesen will, kann man mit Hilfe der ‹+›-Taste und einer unmittelbar danach folgenden Zahl die entsprechende Anzahl der Einträge überspringen. Bei einer zu groß gewählten Zahl wird der letzte Eintrag des aktuellen Bereiches gezeigt. Wenn man zurückblättern will, kann man mit Hilfe der ‹–›-Taste um jeweils einen Eintrag zurückgehen.

Die F1-Taste dient der Ausgabe des aktuellen Eintrages auf den Drucker, wobei zu beachten ist, daß der Drucker bereits eingeschaltet sein muß[28].

Die F3-Taste leitet die Ausgabe der Grammatikprogression desjenigen Lehrwerks ein, in dem sich der aktuelle Eintrag befindet. Es werden alle Grammatikphänomene (in der Reihenfolge ihres Auftretens) aufgelistet, die in einem Lehrwerk bis zu der aktuell auf dem Bildschirm gezeigten Lektion vorkommen.[29] Wurde der Vorgang der Progressionsfestlegung für ein Lehrwerk noch nicht durchgeführt, wird dies bei Betätigung der F3-Taste gemeldet. Bei Materialsammlungen, die keine Progression

[28] Auf einen nochmaligen Hinweis zum Einschalten des Druckers, wie beim Drucken der Inhaltsverzeichnislisten, wurde hier verzichtet; eine Fehlermeldung des Betriebssystems bei nicht eingeschaltetem Drucker verhindert jedoch einen ‹Absturz› des Programms und erlaubt die Korrektur.

[29] Der Vorgang der Festlegung der Grammatikprogression wird in Kapitel 18 beschrieben.

Abbildung 8:
Drittes Menü der *Ausgabe via Inhaltsverzeichnis*: Information über die Anzahl der Einträge aus dem gewählten Oberbereich und Menü zur Weiterarbeit

```
01  Ausländer - Deutsche
02  Emigration (Heimweh)
03  Vorurteile/Stereotype
04  Sitten - Gebräuche
05  Essen/Trinken
06  Menschliches Miteinander
07  Familie - Rollen
08  Körper - Gesundheit - Krankheit
09  Individuum (N
10  (explizite) L
11  Kunst, Kultur
12  Sprache, Spra    Dieser Bereich enthält 38 Einträge
13  Wertesystem
14  Wohnen              UNTERBEREICHE            EINTRÄGE LESEN
15  Arbeit                    ZURÜCK ZUM INHALTSVERZEICHNIS
16  Freizeit
17  Wirtschaft -
18  Zeit
19  Medien
20  Schule
21  Sich verhalten zu: Institutionen, Bürokratie

INHALTSVERZEICHNIS DER OBERBEREICHE - THEMEN / PFEILE=BEREICH WECHSELN /
ESC=ZURÜCK ZUM VORHER. ZUST. /EINGB.TASTE=MEHR INFO /F1=AUSDRUCK DER LISTE
```

Abbildung 9:
Ausgabe eines Eintrags

```
                                                F3 = GR-PROGRESSION
                                                F10 = VERNETZUNG
Oberbereichskennzahl: 08     Unterbereichskennzahl: 02
- Körper - Gesundheit - Krankheit
- Beim Arzt: Anmeldung, Wartezimmer
Materialsorte: Präsentationstext, Dialog, Zeichnungen,Übung

Vernetzt mit: I0302*G1406*G1407*
Skizze des Inhalts: Facharzt für Allgemeinmedizin.Dialog: Frau Celik, ihre
  Tochter (Dolmetscherin), ärztliche Untersuchung, Fragen des Arztes, Diagnose
  (Allergie), Cartoon mit vielen Nachfragen. Übung: Lückentext (Nacherzählung).
  Teil eines Hörfunklehrgangs.

Autor: Schöler, Waltraud / Günham, Hüseyin
Buch : Deutsch für junge Türken, München: Hueber 1983
Lektion: 4_ Seite: 36-38,40,41

SIE LESEN EINTRÄGE AUS AKTUELLEM BEREICH /+Zahl/-Zahl=VOR- RÜCKWÄRTS BLÄTTERN
ESC=LESEN ABBR. / F1=BILDSCHIRM DRUCKEN /F5=BEWERTUNG /EINGB.=NÄCHST. EINTRAG
```

haben, erscheint die Mitteilung: *Für diese Quelle kann keine Progressionsfestlegung erfolgen.*

Die F5-Taste aktiviert an dieser Stelle[30] die Ausgabe von durchgeführten Bewertungen. Wenn die Festlegung der Bewertungskategorien durchgeführt wurde (vgl. Kapitel 15), bekommt der Benutzer nach dem Drücken dieser Taste die Information, wie der aktuell auf dem Bildschirm gezeigte Eintrag bewertet wurde. (Vgl. *Abbildung 10*)

Die F10-Taste produziert die Ausgabe derjenigen Einträge, die mit dem aktuellen vernetzt sind. Ihre Ausgabe kann dann in derselben Weise gesteuert werden, wie das soeben beschrieben wurde. Der einzige Unterschied: beim Lesen der Vernetzung des aktuellen Bereiches bricht die F10-Taste die Ausgabe der vernetzten Einträge ab. Die vernetzten Einträge können nur nacheinander (d. h. ohne Überspringen) gelesen werden.[31]

13.2.3 Inhaltsverzeichnis der Unterbereiche

Mit dem Aufruf der Funktion UNTERBEREICHE wird das Lesen der Namen der Unterbereiche des markierten aktuellen Oberbereiches eingeleitet. Diese werden sortiert und auf den Bildschirm ausgegeben (siehe *Abbildung 11*).

Der Umgang mit dem Programm an dieser Stelle gleicht der in 13.2.1 beschriebenen Weise: Die Markierung des jeweils aktuellen Unterbereiches geschieht mit Hilfe der Pfeiltasten (Pfeil nach unten bzw. nach oben). Sollte die Liste länger als der Bildschirm sein, was in der Erstladung nur bei den Unterbereichen des Oberbereichs *Verben* vorkommt, wird das Inhaltsverzeichnis zeilenweise nach oben verschoben. Die F1-Taste läßt das Inhaltsverzeichnis ausdrucken. Die ESC-Taste führt zum Inhaltsverzeichnis der Oberbereiche zurück. Mit der Eingabetaste läßt man die Einträge des gewünschten, hervorgehobenen Unterbereiches auszählen und ein nächstes Menü erscheinen. Die *Abbildung 12* zeigt die Benutzungsvorschläge in diesem Menü.

Zwei Möglichkeiten stehen dem Benutzer an dieser Stelle zur Verfügung: er kann die gefundenen Einträge lesen oder sich über ihre Vernetzung informieren. Die erste Alternative wurde bereits genau beschrieben: ‹EINTRÄGE LESEN› funktioniert bei den Unterbereichen genauso wie bei den Oberbereichen (siehe 13.2.2). Die zweite wählt man dann, wenn genauere Angaben über die Art der Vernetzung erwünscht sind, z. B. wenn viele Einträge vorhanden sind und man jetzt nach dem geeignetsten Ausschau halten will, ohne alle Einträge einzeln durchlesen zu müssen. Die Information über Vernetzung wird auf der Ausgabemaske festgehalten. Dort erscheint sie jedoch aufgrund von Platzmangel nur als Kennziffer. In *Abbildung 9* waren das z. B. die Kennziffern I0302, G1406 und G1407. Um die Kennziffern aufzulösen, hat man verschiedene Möglichkeiten. Nach einiger Zeit wird man einige sowieso auswendig

30 Die Funktion der F5-Taste wird genauer in den Kapiteln 15, 17 und 19 beschrieben.
31 D. h.: die oben beschriebenen Befehle ‹+› und ‹–› können nicht aktiviert werden.

Abbildung 10:
Beispiel für eine Ausgabe mit Bewertung nach Betätigung der F5-Taste

```
                                                  F3 = GR-PROGRESSION
                                                  F10 = VERNETZUNG
Oberbereichskennzahl: 21      Unterbereichskennzahl: 03
 - Sich verhalten zu: Institutionen, Bürokratie___________________________
 - Kontrollen (Polizei, Bus)______________________________________________
Materialsorte: Zeichnung, Text, Tabelle___________________________________
  Kassette als Arbeitshilfe__________________________________

Vernetzt mit: G0205*G1101*I0205*I0207*___________
Skizze des Inhalts: Haben Sie einen Angelschein? Zwei Personen (Vater, Sohn) __
  angeln illegal in einem Park. Ein Ordnungshüter fordert eine Geldstrafe. Sie
  fragen zurück: Sind Sie ein Polizist? Haben Sie einen Ausweis?" Dialoggerüst"
  kann in ähnlichen Situationen verwendet werden.Lehrerhandreichungen S.63,64 .
  ____________________________________________________________________________
  ____________________________________________________________________________
  ____________________________________________________________________________
  ____________________________________________________________________________

Autor: Scherling,T./ Schuckall,H.-F./ Wilms,H.________________________________
Buch : Deutsch hier. Lehrbuch, Bd.1. Berlin. München. Langenscheidt 1982.______
Lektion: 3_ Seite: 39   3A5___________________________________________________
-1=geeignet bzw. adaptierbar
 2=für unsere Schüler altersmäßig passend
```

Abbildung 11:
Ausgabe der Unterbereiche des Oberbereichs *Körper-Gesundheit-Krankheit*

0801 Körperbezeichnung
0802 Beim Arzt: Anmeldung, Wartezimmer
0803 Gesundheitswesen, Krankmeldung, Formulare, Arbeitsunfähigkeit
0804 Krankheiten
0805 Wahrnehmung vom eigenen Kranksein und Arztbesuch
0806 Alkohol, Drogen
0807 Sterben, Tod
0808 Behinderte/Behinderte und Gesellschaft

INHALTSVERZEICHNIS - UNTERBEREICHE ZU:
Körper - Gesundheit - Krankheit

Abbildung 12:
Information über die Anzahl der Einträge aus dem gewählten Unterbereich und Menü zur Weiterarbeit

0801 Körperbezeichnung
0802 Beim Arzt: Anmeldung, Wartezimmer
0803 Gesundheitswesen, Krankmeldung, Formulare, Arbeitsunfähigkeit
0804 Krankheiten
0805 Wahrnehmung vom eigenen Kranksein und Arztbesuch
0806 Alkohol, Drogen
0807 Sterben, Tod
0808 Behinderte/Behinderte und Gesellschaft

Dieser Bereich enthält leider nur 1 Eintrag

INFO ÜBER VERNETZUNG EINTRÄGE LESEN
ZURÜCK ZUM INHALTSVERZEICHNIS

INHALTSVERZEICHNIS - UNTERBEREICHE ZU:
Körper - Gesundheit - Krankheit

können. Außerdem könnte man sich einer ausgedruckten Inhaltsverzeichnisliste bedienen oder, solange die Kategorien noch weitgehend mit denen der Erstladung übereinstimmen, Kapitel 20 zu Rate ziehen. «Steinbruch» bietet jedoch die Möglichkeit, diese Informationen auch direkt auf dem Bildschirm zu erhalten. Die Wahl der Alternative ‹INFO ÜBER VERNETZUNG› leitet diesen Vorgang ein. Im oberen Bildschirmteil erscheint ein Informationskästchen. Darunter wird die Liste der Vernetzung der einzelnen Einträge ausgegeben. Die Information erscheint zuerst als Kennziffer, die vom Benutzer mit Hilfe der Pfeiltaste-‹Pfeil nach rechts› aufgelöst (d. h. mit vollem Namen des Ober- und Unterbereiches ausgeschrieben) werden kann. *Abbildung 13* zeigt eine Beispielausgabe dieser Funktion. Die ESC-Taste bricht diesen Vorgang ab.

Nach der Bereitstellung dieser Informationen kehrt das Programm zum Inhaltsverzeichnis der Unterbereiche zurück.[32] Wenn man nach dem Schnelldurchgang durch die Vernetzung nun weiß, welchen Eintrag man braucht, kann man über den Weg *Wahl des gewünschten Unterbereichs / Einträge lesen / + Sprung zum gewünschten Eintrag* seine genaue Beschreibung aufrufen. Dieser Weg über ‹INFO ÜBER VERNETZUNG› lohnt sich nur, wenn dieser Unterbereich viele Einträge enthält. Bei wenigen Einträgen sollte man immer direkt ‹EINTRÄGE LESEN› wählen. Wenn die Zahl der Einträge in diesem Unterbereich so groß geworden ist, daß sogar die Ermittlung über ‹INFO ÜBER VERNETZUNG› zu unhandlich wird, ist es an der Zeit, sich alle Einträge dieses Unterbereichs auszudrucken, verschiedene, genauer greifende Unterbereiche zu produzieren und die Einträge neu zu verteilen (vgl. Kapitel 16).

Der Einstieg in den «Steinbruch» durch *Ausgabe via Inhaltsverzeichnis* dient der allgemeinen Orientierung über seinen Umfang und seine Strukturierung. Am Anfang, wenn man sich noch in den «Steinbruch» einarbeitet, und immer dann, wenn man nur eine Angabe für die Suche (z. B. nur ein Thema oder nur ein bestimmtes Grammatikphänomen) hat, wird man die *Ausgabe via Inhaltsverzeichnis* verwenden. Sie ist auch vor der Eingabe neuer Einträge unbedingt zu empfehlen. Für ein gezieltes Suchen für Unterrichtszwecke jedoch wird der zweite Weg *Vernetzte Ausgabe)* meist schneller und ergiebiger sein.

13.3 Suchsituation B: der vernetzte Einstieg. Der Benutzer möchte wissen, ob, und wenn ja, wie oft und wo eine bestimmte Kombination aus Thema / Grammatik / Intention / Textsorte im Lehrmaterial vorhanden ist

In diesem Programmteil stehen dem Benutzer folgende Möglichkeiten zur Verfügung:

- Wahl des Bereiches, aus dem die gesuchten Einträge stammen sollen,
- Wahl des Bereiches, mit dem die gesuchten Einträge vernetzt werden sollen,

[32] Um von hier aus zurück zum Inhaltsverzeichnis der Oberbereiche zu gelangen, drückt man die ESC-Taste. Ein nochmaliges Drücken dieser Taste führt einen weiteren Schritt zurück. Auf diese Weise könnte man zurück bis zum Hauptmenü gelangen.

Abbildung 13:
Angabe der Vernetzungs-Kennziffern und Auflösung der Vernetzung-Kennziffern nach Betätigung der Pfeiltasten

```
              INFO ÜBER VERNETZUNG DES BEREICHES:
1903  Radio
        --> = KENNZIFFERN AUFLÖSEN
       ESC  = ZURÜCK ZUM INHALTSVERZEICHNIS

  Eintrag Nr. 1 hat folgende Bezüge:
     Bezug Nr. 1: I0602

------------------------------------
              Eintrag Nr. 2 ist nicht vernetzt.
------------------------------------
  Eintrag Nr. 3 hat folgende Bezüge:
     Bezug Nr. 1: G0121
  Verb
  Reflexive und reziproke Verben

Keine Einträge mehr in diesem Bereich
                                   Weiter mit Eingabetaste
```

- Bestimmung der Genauigkeit, mit der gesucht werden soll,
- Eingabe der Kennziffer des gesuchten und seines Bezugsbereiches in Kombination mit Bewertungskriterien,
- Lesen der gefundenen Einträge und
- Information über weitere Vernetzungen der gefundenen Einträge.

Die Steuerung des Programms geschieht auf eine ähnliche Art wie bei der *Ausgabe via Inhaltsverzeichnis:* die Pfeiltasten markieren die jeweils nächste Alternative; die Eingabetaste bestätigt die Wahl. Hinzu kommt noch die Notwendigkeit der Eingabe von Kennziffern. Der Benutzer wird auf diese Weise immer weitergeführt. Ihm steht natürlich auch die Möglichkeit zum Abbruch (ESC-Taste) zur Verfügung. Als nächstes werden die aufeinander folgenden Menüs genauer beschrieben.

Abbildung 14 zeigt den Aufbau des ersten Menüs. Der Benutzer kann an dieser Stelle seinen Suchbereich auswählen. Im nächsten Schritt kann er bestimmen, mit welchem Bereich die gesuchten Einträge vernetzt werden sollen (vgl. *Abbildung 15*). In unserem Beispiel hier werden die Bereiche *Themen* und *Grammatik* gewählt, d.h. sie erscheinen auf dem Bildschirm hervorgehoben. Wenn zwei gleiche Bereiche ausgewählt werden (z.B. *Themen/Themen*), wird die darauf folgende Suche nicht als eine vernetzte Suche interpretiert, sondern es werden alle Einträge aus dem eingegebenen Bereich gesucht.[33]

Als nächstes wird bestimmt, wie fein die Suche durchgeführt werden soll. *Abbildung 16* zeigt die entsprechende Bildschirmseite. Hier muß entschieden werden, ob bei der Suche nur die Oberbereiche alleine oder ob sie in Verbindung mit Angaben zu den Unterbereichen berücksichtigt werden sollen. Die vier angebotenen Alternativen ermöglichen:

a) ‹ZUGANG OBERBEREICH–OBERBEREICH› – Suche nach allen Einträgen, die jeweils zu den beiden angegebenen Oberbereichen gehören
b) ‹ZUGANG OBERBEREICH–UNTERBEREICH› – Suche nach allen Einträgen, die zu einem angegebenen Oberbereich und zu einem angegebenen Unterbereich gehören
c) ‹ZUGANG UNTERBEREICH–OBERBEREICH› – wie b) nur umgekehrt
d) ‹ZUGANG UNTERBEREICH–UNTERBEREICH› – Suche nach allen Einträgen, die zu den beiden angegebenen Unterbereichen gehören

Die Alternativen können in Verbindung mit einer allgemeinen Orientierung über den Umfang der einzelnen Bereiche sinnvoll eingesetzt werden: bei einer kleinen Anzahl der Einträge in einem Bereich ist es vielleicht besser, die Alternative a) zu wählen, um überhaupt Chancen auf Erfolg zu haben; bei vielen vorhandenen Einträgen kann man die Suche entsprechend genauer durchführen.

Als nächstes werden die Kennziffern der gesuchten Bereiche abgefragt. *Abbildung 17* zeigt die entsprechende Bildschirmseite. Die Kennziffern müssen vollständig eingege-

[33] Man kann jedoch, bei der Eingabe der Kennziffern (vgl. weiter unten) die Suchrestriktion der Bewertungskategorien eingeben und auf diese Weise nach Einträgen aus einem Bereich suchen, die man mit eigenen Bewertungskategorien (vgl. Kapitel 15) belegt hatte.

Abbildung 14:
Erstes Menü der *vernetzten Ausgabe*

1. Entscheiden Sie sich zuerst für zwei Kategorien (z.B. Thema und Grammatik), nach denen Sie suchen wollen. Wenn Sie noch eine dritte und vierte Vernetzung berücksichtigt wissen wollen, fragen Sie sie bitte bei der Angabe der Bezüge ab.

Wählen Sie den gesuchten Bereich

THEMEN
GRAMMATIK
INTENTIONEN
TEXTSORTEN

ZURÜCK AUSGABEMENÜ

Abbildung 15:
Zweites Menü der *vernetzten Ausgabe*

1. Entscheiden Sie sich zuerst für zwei Kategorien (z.B. Thema und Grammatik), nach denen Sie suchen wollen. Wenn Sie noch eine dritte und vierte Vernetzung berücksichtigt wissen wollen, fragen Sie sie bitte bei der Angabe der Bezüge ab.

Wählen Sie den gesuchten Bereich

THEMEN
GRAMMATIK
INTENTIONEN
TEXTSORTEN

ZURÜCK AUSGABEMENÜ

Wählen Sie die gesuchte Restriktion

GRAMMATIK
THEMEN
INTENTIONEN
TEXTSORTEN

ESC=KORREKTUR

Abbildung 16:
Festlegung der Feinheit der Suche

2. Entscheiden Sie nun bitte, wie genau Ihre Suche sein soll. Sie können lediglich Kombinationen von Oberbereichen suchen lassen (z.B. Arbeit und Verb), speziell nach Kombinationen von Unterbereichen fahnden (z.B. Berufswunsch und Modalverben) oder einen Oberbereich und einen Unterbereich kombinieren.

ZUGANG OBERBEREICH-OBERBEREICH ZUGANG UNTERBEREICH-UNTERBEREICH
ZUGANG OBERBEREICH-UNTERBEREICH ZUGANG UNTERBEREICH-OBERBEREICH

ben werden, d. h. zwei- bzw. vierstelig (z. B. 01, 0105) und mit der Eingabetaste bestätigt werden. Die Eingabetaste allein, ohne vorhergehende Kennziffereingabe bedeutet Abbruch. Korrektur der Eingabe ist mit Hilfe der Löschtaste möglich.

Es besteht auch die Möglichkeit, an dieser Stelle die Inhaltsverzeichnisse aufzurufen. Dazu gibt man das Fragezeichen plus Eingabetaste ein und sucht sich aus dem danach auf dem Bildschirm erscheinenden Inhaltsverzeichnis die gewünschte Kennziffer heraus. Die Information, an welcher Stelle das Fragezeichen einzugeben ist, erscheint auf dem Bildschirm (vgl. ebenfalls *Abbildung 17*). Nach der ‹Lektüre› des Inhaltsverzeichnisses muß man dann die Kennziffern eingeben.

Im Anschluß an die Eingabe der Kennziffern kann man den gewünschten Suchvorgang durch die Berücksichtigung der eigenen Bewertungskategorien noch weiter einschränken. Auf dem Bildschirm erscheint dann folgende Aufforderung: ‹BITTE DIE KENNZIFFERN DER BEWERTUNGSKATEGORIEN EINGEBEN›. Die Kennziffern müssen ohne Zwischenräume (d. h. ohne Leerzeichen zwischen den einzelnen Kennziffern) eingegeben werden (vgl. *Abbildung 18*). Gesucht werden vom Programm dann nur noch die Einträge, die sowohl den gesuchten Bereichen angehören und die gewünschte Kennziffer haben, als auch eine Übereinstimmung mit allen Bewertungskriterien aufweisen.[34] Das Eintippen des Fragezeichens und die Bestätigung mit Eingabetaste führt dazu, daß der Text der zu den Kennziffern gehörenden Bewertungskategorien auf dem Bildschirm erscheint, damit ein ungeübter Benutzer sich diese in Erinnerung rufen kann. Wünscht man keine Überprüfung der gesuchten Lehrmaterialien nach den Kriterien der Bewertung, so ist bei der Abfrage lediglich die Eingabetaste zu betätigen.

Nach der Eingabe der beiden Kennziffern und evtl. des gewünschten Bewertungskriteriums beginnt das Programm mit dem Suchvorgang. Zuerst wird die Richtigkeit der eingegebenen Kennziffern geprüft. Bei positivem Ausgang der Prüfung bekommt der Benutzer eine Bestätigung: die Namen der gesuchten Bereiche erscheinen auf dem Bildschirm, und es wird um Geduld gebeten (vgl. *Abbildung 19*). Wenn die eingegebenen Kennziffern nicht existieren, wird dies gemeldet, und die Prozedur kann wiederholt werden. Im anschließenden Suchvorgang wird überprüft, ob die existierenden Daten der gewünschten Kombination entsprechen. *Abbildung 20* zeigt das Ergebnis einer erfolgreichen Suche.

Der Benutzer hat an dieser Stelle des Programms die Wahl, die gefundenen Einträge zu lesen, sich über ihre Vernetzung genauer zu informieren oder einen neuen Suchvorgang einzuleiten.

Die Eingabetaste leitet das Lesen der Einträge ein. Die ‹B›- bzw. ‹b›-Taste bringt genaue Informationen über alle Vernetzungen der gefundenen Einträge. Diese beiden Prozeduren wurden bereits ausführlich als Teile der *Ausgabe via Inhaltsverzeichnis* beschrieben (siehe oben 13.2.2 und 13.2.3).

[34] Der Vorgang der Festlegung der Bewertungskategorien wird in Kapitel 15 beschrieben.

Abbildung 17:
Eingabe der Kennziffern für die *vernetzte Ausgabe*

```
Eine zweistellige Kennziffer des gesuchten Oberbereiches eingeben: 01
Eine zweistellige Kennziffer des gesuchten Bezugsbereiches eingeben: ■

Mit ? an der entsprechenden Stelle bekommen Sie das Inhaltsverzeichnis zu sehen
z.B. ?=Inhaltsverzeichnis der Oberbereiche
     02?=Inhaltsverzeichnis der Unterbereiche des Oberbereiches 02
              Danach Eingabetaste betätigen

ZUGANG OBERBEREICH-OBERBEREICH        ZUGANG UNTERBEREICH-UNTERBEREICH
ZUGANG OBERBEREICH-UNTERBEREICH       ZUGANG UNTERBEREICH-OBERBEREICH
```

Abbildung 18:
Eingabe der Bewertungskennziffern für eine zusätzliche Verfeinerung der Suche

```
Eine zweistellige Kennziffer des gesuchten Oberbereiches eingeben: 01
Eine zweistellige Kennziffer des gesuchten Bezugsbereiches eingeben: 01

Bitte die Kennziffern der Bewertungskategorien eingeben:?■

Mit ? plus Eingabetaste werden alle festgelegten Bewertungskategorien auf den
Bildschirm gerufen. Wenn die Bewertungskategorien nicht zur Suche heragezogen
werden sollen, bitte nur die Eingabetaste betätigen.

ZUGANG OBERBEREICH-OBERBEREICH          ZUGANG UNTERBEREICH-UNTERBEREICH
ZUGANG OBERBEREICH-UNTERBEREICH         ZUGANG UNTERBEREICH-OBERBEREICH
```

Abbildung 19:
Bestätigung der Suchkriterien und Information über den Suchvorgang

```
 Eine zweistellige Kennziffer des gesuchten Oberbereiches eingeben: 01
 Eine zweistellige Kennziffer des gesuchten Bezugsbereiches eingeben: 01

 Bitte die Kennziffern der Bewertungskategorien eingeben:?

 Gesucht werden Einträge aus dem Bereich THEMEN:
Ausländer - Deutsche,

die Bezüge zu
Verb
aufweisen

und nach Ihrem Wunsch bewertet sind

Bitte um etwas Geduld ...


Anzahl der gefundenen Einträge: 4



    ZUGANG OBERBEREICH-OBERBEREICH        ZUGANG UNTERBEREICH-UNTERBEREICH
    ZUGANG OBERBEREICH-UNTERBEREICH       ZUGANG UNTERBEREICH-OBERBEREICH
```

Abbildung 20:
Ergebnis eines erfolgreichen Suchvorgangs

"Steinbruch" enthält 6 Einträge mit gewünschten Bezügen

Sie können jetzt

a) für.jeden Eintrag erfahren, welche weiteren Bezüge vorhanden sind (B-TASTE)

b) durch die Betätigung der Eingabetaste die vorhandenen Einträge auf den Bildschirm rufen

c) mit ESC zurück zu der Stelle, an der Sie die gewünschten Kategorien eingegeben haben. Dies empfiehlt sich, wenn Sie zwei Oberbereiche eingegeben haben und nun feststellen, daß unter dieser Kombination zu viele Einträge vorhanden sind und Sie deshalb eine genauere Auswahl treffen möchten.

ZUGANG OBERBEREICH-OBERBEREICH ZUGANG UNTERBEREICH-UNTERBEREICH
ZUGANG OBERBEREICH-UNTERBEREICH ZUGANG UNTERBEREICH-OBERBEREICH

Das Betätigen der ESC-Taste führt zum Verlassen dieser Programmebene. Das Programm kehrt danach an die Stelle zurück, an der die Auswahl der Feinheit des Suchvorgangs stattfand (vgl. *Abbildung 16*). Es erschien uns sinnvoll, die Rückkehr auf diese Ebene festzulegen, weil man von hier aus den Suchvorgang sinnvoll verändert wiederholen kann. Sollte z. B. bei der ersten Suche eine zu große Anzahl von Einträgen gefunden worden sein, die die gewünschte Kombination haben, so könnte eine Differenzierung der Genauigkeit des Suchbefehls die neuen Ergebnisse durchschaubarer machen. Statt zwei Oberbereiche zu kombinieren, wird man dann lieber einen Unterbereich und einen Oberbereich oder sogar zwei Unterbereiche wählen und so zu einem genaueren Ergebnis kommen. Im Falle einer zu kleinen Anzahl der Einträge könnte eine Lockerung der Suchrestriktion sich als nützlich erweisen. Letzteres gilt auch bei einem mißlungenen Suchvorgang. Der Informationstext bei null gefundenen Einträgen schlägt dem Benutzer diesen Weg vor (siehe *Abbildung 21*).

Falls man zwei Unterbereiche kombiniert und damit erfolglos gesucht hat, besteht die Hoffnung, daß eine Erleichterung der Restriktionen durch die Eingabe von einem oder von zwei Oberbereichen und/oder durch das Weglassen der Bewertungen zu einem positiven Ergebnis führt. Falls auch diese Erleichterungen nicht den gewünschten Erfolg haben bzw. falls man dann zu Ergebnissen kommt, die man nicht mehr verwenden kann, muß man sich wohl ans Neuschreiben begeben. Eine Suche in nur einem der gewünschten Bereiche kann in diesem Fall als Suche nach Anregungen fürs neue Material funktionieren.

Sollte der Benutzer an dieser Stelle das Programm beenden wollen (erfolgreich oder auch verärgert über einen Mißerfolg), kann er schnell mit Hilfe der mehrmaligen Betätigung der ESC-Taste zurück zum Hauptmenü gelangen und durch das Drücken der Taste ‹S› bzw. ‹s› «Steinbruch» verlassen.

14. Hilfsprogramme

Der Programmblock *Hilfsprogramme* bietet viele, recht unterschiedliche Funktionen an. Vom Hauptmenü *(Abbildung 2)* aus werden sie durch das Drücken der Taste ‹H› bzw. ‹h› aufgerufen. Die *Abbildung 22* zeigt das erste Menü in diesem Programmteil. Die Steuerung der Menüs erfolgt auf die gleiche Weise, wie im Ausgabeteil (siehe Kapitel 13) von «Steinbruch»: die Eingabetaste wird benutzt, um zum jeweils nächsten Menü zu gelangen bzw. eine gewählte Funktion auszuführen; die ESC-Taste bricht die aktuelle Funktion ab und führt zum vorherigen Stand zurück; die Pfeiltasten und die Leertaste bereiten die nächste Auswahl vor.

Drei Benutzungsvorschläge werden im ersten Menü angeboten: *Korrektur/Löschen, Bewertungskriterien* und *Grammatikprogression.* Alle drei Funktionen dienen der Veränderung des Datenbestandes von «Steinbruch»; sie sind deshalb mit Vorsicht zu

Abbildung 21:
Ergebnis eines erfolglosen Suchvorgangs

KEINE EINTRÄGE IN DER EINGEGEBENEN KOMBINATION GEFUNDEN

Materialien mit der von Ihnen gewünschten Merkmalskombination enthält der Steinbruch noch nicht. Hier lohnt es sich wahrscheinlich, selbst etwas zu verfassen. Vielleicht schauen Sie auch erst in der näheren Umgebung (einen der Unterbereiche variieren) nach, ob es dort etwas gibt, was sich etwas weniger zeitaufwendig adaptieren läßt.

Egal, was Sie machen, geben Sie hinterher Angaben zu dem adaptierten oder vielleicht neu geschriebenen Material ein, damit der nächste Benutzer mehr Glück hat.

Weiter mit Eingabetaste!

ZUGANG OBERBEREICH-OBERBEREICH	ZUGANG UNTERBEREICH-UNTERBEREICH
ZUGANG OBERBEREICH-UNTERBEREICH	ZUGANG UNTERBEREICH-OBERBEREICH

Abbildung 22:
Erstes Menü der *Hilfsprogramme*

STEINBRUCH-HILFSPROGRAMME

Aus dem unten angezeigten Menü wählen Sie mithilfe der Pfeiltasten.
Die jeweils gewählte Alternative wird graphisch hervorgehoben.
Mit der Eingabetaste rufen Sie sie auf.

Wählen Sie bitte die gewünschte Einstiegsmöglichkeit !

Korrektur/Löschen
Bewertungskriterien
Grammatikprogression

Zurück zum Hauptmenü

benutzen. Lediglich die Auswirkungen der Benutzung der letzten Funktion – Festlegung der Grammatikprogression – können jederzeit ohne größeren Aufwand wieder rückgängig gemacht werden. Die beiden anderen Funktionen bedeuten einen mehr oder weniger tiefen Eingriff in die Datenbank. Kapitel 15 beschreibt Konzept und Durchführung der Bewertungen; in Kapitel 16 wollen wir kurz generell auf die relativ stark eingreifende Veränderung der Suchbegriffe eingehen, die dann in Kapitel 17 als ein Teilbereich des Hilfsprogramms *Löschen/Korrektur* in ihrer Abwicklung beschrieben wird. Kapitel 18 zeigt, wie das Hilfsprogramm *Grammatikprogression* verwendet werden kann.

15. Bewertung

In Kapitel 10 hatten wir allgemein beschrieben, daß der «Steinbruch» zwei Möglichkeiten bietet, die vorhandenen Einträge zu bewerten. Zwei Arten der Bewertung sind dabei zu unterscheiden. Die rein textlichen Bewertungen sind eigentlich Korrekturen der Einträge und werden in Kapitel 17 behandelt. Mit den abfragbaren Bewertungen, die als Suchkategorie eingesetzt werden können, werden wir uns in diesem Kapitel beschäftigen. Die Bewertung der Datenbankbestände wird in zwei Schritten durchgeführt, die wir in den Unterkapiteln 15.1 und 15.2 beschreiben.

15.1 Definition der Bewertungskategorien

Wenn man die Bewertung der «Steinbruch»-Daten vornehmen will, müssen zuerst die Bewertungskategorien festgelegt werden. Acht Bewertungskategorien können vom Benutzer definiert werden, wobei zu beachten ist, daß die Kategorien von unterschiedlicher Qualität sind: nur vier Begriffe davon (1 bis 4) können vollkommen frei definiert werden, die restlichen vier (−1 bis −4)[35] sind logische Negationen der ersteren und aus diesem Grunde auch von ihnen abhängig. Der Benutzer kann entscheiden, ob er beide Pole als Kriterien verwenden will, oder nur einen. Aus dieser Entscheidung ergeben sich zwei verschiedene Bewertungsmöglichkeiten der Datenbestände.

1. Wenn beide Teile definiert werden, gelten automatisch alle Einträge als ‹bewertet mit der *nicht-negierten* Kategorie›. Die anschließende Arbeit der Bewertung der Einzeleinträge (nur mit der negierten Kategorie) teilt die Datenbestände in zwei sich logisch ausschließende Gruppen. Wenn man z. B. die Bewertungskategorie 1 als *für den Unterricht nicht geeignetes Material* und die Bewertungskategorie −1 entsprechend als *für den Unterricht gut geeignetes Material* festlegt, dann gelten

[35] die hier gewählte Schreibweise der logischen Negation ist durch das Vorhandensein des Minus-Zeichens auf der Tastatur des Computers diktiert; −1 bedeutet in dieser Notation NICHT(1).

sofort alle «Steinbruch»-Einträge als mit dem Prädikat 1, also als *nicht geeignet,* bewertet. Erst wenn die konkreten Einträge einzeln anders bewertet werden, mit −1, teilt sich die Datenbasis in zwei Gruppen.

Um die Arbeit der Bewertung von einzelnen Einträgen möglichst effizient zu gestalten, soll die negierte Kategorie für die vermutlich kleinere Anzahl der Einträge gelten. Nach der Festlegung von dem, was plus und was minus ist, müßte man nur die kleinere Anzahl der Einträge mit der negierten Bewertung belegen. Die restlichen nicht einzeln bewerteten Einträge sind ja automatisch als positiv belegt interpretiert. *Negiert* und *positiv* haben hier nichts mit dem Inhalt zu tun; es sind rein technische Begriffe. Ob man eine wie auch immer geartete Bewertung der negierten oder der positiven Zahl zuordnet, hängt allein davon ab, wie groß der Anteil der Materialien, die diese Bewertung erhalten, ist.

Es dürfte offensichtlich sein, daß diese Art der Bewertung ziemliche Probleme mit sich bringen kann. Automatisch wird immer der *ganze* Datenbestand bewertet, d. h., man muß sich sicher sein, daß tatsächlich alle vorhandenen Einträge auch mit einer der beiden Kategorien sinnvoll beschrieben sind, und man muß sicher sein, daß man es auch schafft, alle Einträge, die negiert werden sollen, zu negieren. Das heißt beispielsweise, daß man nicht sagen kann, +1 bedeute *gut für türkische Lernende geeignet* und −1 bedeute *gut für jugoslawische Lernende geeignet,* da es auf jeden Fall Materialien geben wird, die für keine der beiden Gruppen geeignet sind. Die Auswahl der Kategorien muß also gut überlegt sein. Außerdem sollte man möglichst nur Kategorienpaare wählen, die nicht zu gleichen Anteilen vorhanden sind, da einem sonst eventuell die Markierarbeit über den Kopf wächst. In vielen Fällen ist deshalb die zweite Variante vorzuziehen.

2. Wenn nur der positive Teil einer Kategorie definiert wurde, gelten alle Einträge als ‹nicht bewertet› oder ‹bewertungsneutral›. Die anschließende Arbeit der Bewertung der Einzeleinträge (diesmal nur mit der positiven Kategorie) hebt die auf diese Weise bewerteten Einträge von dem nicht bewerteten Rest ab. Hier hat man also nicht das Problem, daß man Materialien, die man nicht bewerten will, ‹Zwangsbewertungen› zuschreibt. Für beide Varianten gilt: um diese Funktion zu aktivieren, muß der Benutzer im Unterprogramm *Hilfsprogramme* die Funktion *Bewertungskriterien* wählen.

   Abbildung 23 zeigt, wie die Bewertungskriterien festgelegt werden.[36] Falls schon eine Festlegung vorhanden ist, weist «Steinbruch» vor der Festlegungsmaske darauf hin. Es erscheint dann der Satz *Es existiert bereits eine Festlegung. Möchten Sie diese ändern? (J/N).* Falls sie *N* eingeben, (d. h. falls Sie doch lieber die alte Festlegung behalten wollen), springt das Programm zum Hilfsprogramm-Menü aus *Abbildung 22* zurück. Geben Sie *J* ein, wird die bisherige Festlegung gelöscht, und Sie können

[36] Sollte bezüglich der qualitativen Beurteilung der Lehrmaterialien keine Einigung in der Benutzergruppe erfolgt sein, bietet das Installationprogramm von Steinbruch die Möglichkeit, eine zweite Version des Programms für eine Festplatte anzupassen. Oder man arbeitet mit verschiedenen Diskettenversionen der Datenbank.

Abbildung 23:
Festlegung der Bewertungskriterien

STEINBRUCH-HILFSPROGRAMME
Bewertungskriterien

Geben Sie bitte den Text für Ihre Bewertung ein. Wenn Sie eine nicht-belegt lassen wollen, drücken Sie nur die Eingabetaste.

Kennziffer ¦ Bewertungstext

```
 1=nicht geeignet
-1=geeignet bzw. adaptierbar
 2=für unsere Schüler altersmäßig passend
-2=nicht definiert
 3=finde es toll (Klaus)
-3=nicht definiert
 4=■
```

neue Bewertungskriterien eingeben. Diese werden dann automatisch abgespeichert. Das Programm springt danach zum Hilfsprogramm-Menü aus *Abbildung 22* zurück.

15.2 Durchführung der Bewertung

Wenn die Festlegung der Bewertungskategorien im Hilfsprogramm *Bewertung* durchgeführt ist, müssen die Datenbankeinträge noch einzeln beurteilt werden. Die Bewertung der Einträge kann auf zwei Wegen erfolgen:

1. Bei schon vorhandenen Datenbankeinträgen ist sie mit dem Hilfsprogramm *Korrektur* möglich. Man ruft dazu das Hilfsprogramm *Korrektur/Löschen* (vgl. Kapitel 17.1 und 17.2) auf[37] und führt dieses durch, bis man den Punkt *Freigabe zur Korrektur* erreicht hat.
2. Bei neuen Einträgen kann die Bewertung direkt bei der Neueingabe (an beliebiger Stelle) durchgeführt werden (vgl. Kapitel 19).

In beiden Fällen wird sie auf die gleiche Art durchgeführt. Das Drücken der Taste F5 leitet diesen Vorgang ein. Zunächst wird der Benutzer gebeten, die Kennziffer der Bewertungskategorie in einer Zeile einzugeben. Hierbei hat man die Möglichkeit, nur ein Fragezeichen einzugeben, um evtl. vorliegende Festlegungen auf den Bildschirm zu bekommen. Danach müssen die Kennziffern der gewünschten Kategorien in beliebiger Reihenfolge, ohne Zwischenräume eingegeben werden.[38] Diese Angaben müssen mit der Eingabetaste abgeschlossen werden. Anschließend werden die Angaben gemäß dem Korrektur- bzw. Eingabeprogramm gespeichert.

15.3 Ausgabe der Bewertung

Beim Lesen der Einträge sind die Bewertungswerte nicht sichtbar. Erst das Drücken der Taste F5 ermöglicht es, die Information über die Bewertung auf den Bildschirm zu bekommen (vgl. Kap. 13.2.2). Bei der vernetzten Ausgabe können die Bewertungen als Suchkategorie verwendet werden (vgl. Kapitel 13.3).

[37] Nach der Festlegung der Bewertungskriterien kehrt das Programm automatisch zum Hilfsprogramm-Menü zurück, so daß man diesen Aufruf sofort tätigen kann.

[38] Da die Information über die Bewertung des Eintrags nicht auf dem Bildschirm erscheint und beim Lesen der Einträge nicht sofort erkannt werden kann, prüft das Programm während der Eingabe der Bewertungen, ob die neue Bewertung nicht widersprüchlich zu einer vorangegangenen ist und verlangt gegebenenfalls nach einer zusätzlichen Bestätigung.

16. Veränderung der Suchbegriffe

In den Kapiteln 7 und 8 haben wir über die Schwierigkeiten bei der Kategorienfestlegung im Verlauf der Materialanalyse berichtet. Unsere Ober- und Unterbereiche sollen von den Benutzern nicht als der Weisheit letzter Schluß betrachtet werden. Wenn wir auch die Aufteilung der Kategorien und die Zuordnung der Einträge durch die Handhabbarkeit dieser «Steinbruch»-Version rechtfertigen können (vgl. auch Kapitel 20), so ist doch zu vermuten, daß mit der wachsenden Anzahl der Einträge sich die von uns festgelegte Differenzierung als nicht ausreichend erweisen wird. Das Netz der Suchkategorien und der Subkategorien müßte dann geändert werden.

Um die Veränderung der Suchkategorien durchzuführen, ist eine gewisse Vertrautheit mit der aktuellen «Steinbruch»-Version notwendig. Es empfiehlt sich, auf jeden Fall vorher noch eine *Sicherheitskopie* anzufertigen, damit man, wenn bei der Veränderung unbeabsichtigte Fehler auftreten, keinen Datenverlust zu beklagen hat.

Drei Arten der Datenveränderung sind hier zu unterscheiden:

a) Sie wollen einen von uns einer bestimmten Kategorie zugeordneten Eintrag einer neuen bzw. anderen Kategorie zuordnen. In diesem Fall handelt es sich um eine Korrektur, die in Kapitel 17.1 beschrieben wird.
b) Sie wollen eine ganze Kategorie, weil sie Ihnen z. B. nicht treffend benannt erscheint, umbenennen. Auch dies kann im Unterprogramm *Korrektur/Löschen* (vgl. Kapitel 17.2) erledigt werden.
c) Sie wollen eine ganze Kategorie, weil sie Ihnen z. B. zu wenig differenziert erscheint, in zwei feiner differenzierte Kategorien aufteilen bzw. andere neue Kategorien aufgrund der veränderten Materiallage hinzufügen. Letzteres, die völlige Neufassung, kann einfach eine Neueingabe[39] oder auch ein Hinzufügen neuer Suchkategorien im Rahmen der Aufteilung einer Kategorie in eine existierende und eine neue sein.

Das Spalten bzw. Zusammenfassen einer Suchkategorie ist programmtechnisch gesehen nichts anderes als das Umbenennen des Ober- bzw. des Unterbereiches von Einzeleinträgen. Alle Einträge, die zu einer Suchkategorie gehören, sind durch ihre Kennziffern identifizierbar. Die ersten beiden Kennziffern dienen einer klassifizierenden Zuordnung eines Eintrags zu einem Oberbereich, identifizieren ihn jedoch nicht eindeutig. Erst die vierstellige Kennzahl kann zur eindeutigen Identifizierung eines Eintrags dienen. Die Veränderung dieser Kennziffern ordnet einen Eintrag einer neuen Kategorie zu. Wenn es sich dabei um eine vollkommen neue Kategorie handelt, muß sie zusätzlich noch neu benannt werden. Eine schon bestehende kann entweder bestehen bleiben oder muß umbenannt werden. Demzufolge sind bei der Veränderung (Spaltung bzw. Zusammenfassung) einer Suchkategorie folgende Fälle zu unterscheiden:

[39] Sie wird in Kapitel 19 beschrieben.

1. bei der Spaltung eines Oberbereiches (z. B. Themen–17–*Wirtschaft–Geld–Einkaufen*) in zwei Oberbereiche, (den bestehenden und einen neuen, z. B. 17–*Geld–Einkaufen* und 27–*Wirtschaft*) müssen die Kennziffern aller Einträge, die zu Unterbereichen von Oberbereich 17 gehören (also 1701 bis 1711), geändert werden. Sinnvollerweise würde sich dabei anbieten, die Unterbereiche 1701 *(Wirtschaft und Gesellschaft)* in 2701 *(Wirtschaft und Gesellschaft)* und eventuell 1711 *(Messen)* in 2702 *(Messen)* umzuändern. Um im Oberbereich 17 die Ordnung wiederherzustellen (d. h. um den Unterbereich 1701 nicht leer stehen zu lassen), sollten die Einträge aus 1710 in 1701 umbenannt werden.

   Anschließend muß der Name des Oberbereichs 17 noch geändert und die Unterbereiche müssen umbenannt (1701 in *Werbung*) bzw. gelöscht (1710 und 1711) werden. Für die Veränderung der Namen des neuen Oberbereichs (27) und seiner Unterbereiche (2701 und 2702) bietet das Korrekturprogramm eine kleine Hilfe an (vgl. Kapitel 17.2). Nach einer durchgeführten Korrektur der Kennziffern werden alle neuen Ober- bzw. Unterbereiche einheitlich benannt. Der neue Name lautet: *Der Name dieses Oberbereichs muß noch geändert werden* bzw. *Der Name dieses Unterbereichs muß noch geändert werden.* Der Benutzer soll dadurch daran erinnert werden, daß diese Namen noch geändert werden müssen. Dies kann entweder sofort nach der Veränderung der Kennziffern des ersten Eintrags oder erst später mit Hilfe des Hilfsprogramms *Ober–Unterbereiche korrigieren* (vgl. Kapitel 17.3) geschehen.

2. Bei der Zusammenfassung zweier Unterbereiche (z. B. Themen–1903–*Fernsehen* und 1901–*Radio*) zu einem größeren[40] (z. B. 1901–*Radio/Fernsehen*) müssen die Kennziffern aller Einträge, die zu einem der Unterbereiche gehören (z. B. 1903), in Kennziffern des anderen (hier: 1901) geändert werden. Anschließend muß der Name des alten Unterbereichs gelöscht (hier: 1903) und des neuen (hier 1901) geändert werden.

Die Durchführung der Korrektur der Einträge und der Änderung der Namen der Ober- und Unterbereiche wird in den Kapiteln 17.2 und 17.3 beschrieben.

17. Korrektur, Löschen

In diesem Kapitel finden Sie die Beschreibung des Programmteils *Korrektur/Löschen.* Innerhalb dieses Programmteils werden auch die Bewertung und Veränderung der Suchkategorien durchgeführt. Vor der Durchführung der Veränderung der Suchkate-

[40] Es ist theoretisch möglich, auch zwei Oberbereiche zu einem größeren zusammenzufassen. Darunter würde jedoch die Übersichtlichkeit der Inhaltsverzeichnisse und die Effizienz der Suchvorgänge leiden müssen. Deshalb scheint ein derartiges Verfahren nur bei radikal durchgeführten Löschungen des Datenbankbestands sinnvoll zu sein.

gorien sollte man die Kapitel 15 und 16 gelesen haben. Die folgende Bedienungsanleitung beschreibt vor allem konkrete Schritte im Umgang mit den Hilfsprogrammen und verweist nur auf das dort Beschriebene.

Wenn man im Menü Hilfsprogramme (vgl. *Abbildung 22*) die Alternative *Korrektur/Löschen* gewählt hat, kommt man zu einem Menü, das wiederum drei Alternativen anbietet (vgl. *Abbildung 24*). Mit Hilfe dieser Funktionen lassen sich die Datenbankbestände korrigieren bzw. löschen. Die beiden ersten beziehen sich auf die Korrektur bzw. Bewertung der einzelnen Einträge, die dritte ändert bzw. löscht die Namen der Ober- bzw. Unterbereiche.

17.1 Einzeleinträge korrigieren

Diesen Programmteil benutzt man, wenn man die Beschreibung der Lehrmaterialien in der Erstladung für nicht genügend ausführlich oder für die eigenen Zwecke nicht geeignet hält oder wenn man andere hinzufügen oder wenn man die eigenen Eingaben korrigieren bzw. löschen möchte. Damit ein einzelner Eintrag gelöscht oder korrigiert werden kann, muß er zuerst gefunden werden. Wir haben im Kapitel 13 zwei Möglichkeiten beschrieben, die für das Suchen von Einträgen eingesetzt werden können: die Suche nach dem Kriterium der Zugehörigkeit zu einem Großbereich mit Angabe des Ober- bzw. Unterbereichs (vgl. Kapitel 13.2) und die Suche der vernetzten Kombination von zwei Großbereichen mit Angabe des Ober- bzw. Unterbereiches (vgl. Kapitel 13.3).

Um den Suchvorgang nach einem einzelnen Eintrag noch schneller zu machen, kann der Suchvorgang im Programmteil *Einzeleinträge korrigieren/löschen* um die Eingabe des Lehrwerks oder der Materialquelle, auf das oder die er sich bezieht, ergänzt werden. Die Wahl dieser Funktion bewirkt zunächst, daß eine Liste aller bisher für die Datenbank analysierten und eingegebenen Quellen ausgegeben wird. Da die Liste länger als ein Bildschirm ist, wird sie schrittweise ausgegeben (wenn der Bildschirm voll ist, wird die Ausgabe angehalten und der Benutzer aufgefordert, die Eingabetaste zu drücken). Der Benutzer muß sich die Nummer des betreffenden Lehrwerks merken, und wenn die Liste zu Ende ausgegeben ist, die entsprechende Nummer eintippen[41] (vgl. *Abbildung 25*). Danach folgt die Wahl des Großbereiches und die Eingabe der Kennziffern des zu korrigierenden Eintrags.

Anschließend werden vom Programm die Einträge aus dem entsprechenden Buch, die die gewünschten Kennziffern haben, gesucht und auf dem Bildschirm ausgegeben. Der Benutzer muß entscheiden, ob der aktuell gezeigte Eintrag der von ihm gewünschte ist. Die unter dem Eintrag erscheinende Frage:

[41] Dieser Vorgang ist identisch mit dem entsprechenden Teil des Eingabeprogramms (vgl. Kapitel 19).

Abbildung 24:
Erstes Menü des Hilfsprogramms - *Korrektur/Löschen*

STEINBRUCH-HILFSPROGRAMME
Korrektur/Löschen

Aus dem unten angezeigten Menü wählen Sie mithilfe der Pfeiltasten.
Die jeweils gewählte Alternative wird graphisch hervorgehoben.
Mit der Eingabetaste rufen Sie sie auf.

Wählen Sie bitte die gewünschte Einstiegsmöglichkeit !

Einzeleinträge korrigieren/löschen
Einträge in einem Bereich korrigieren
Ober- bzw. Unterbereiche umbenennen/verändern

Zurück zum Menü HILFSPROGRAMME

Abbildung 25:
Wahl der Quelle, aus der der zu korrigierende Eintrag stammt

---

1. Scherling,T./Schuckall,H.F./Wilms,H.
   Deutsch hier. Arbeitsbuch. Berlin usw. Langenscheidt, 1985

---

2. Scherling,T./Schuckall,H.F./Wilms,H.
   Deutsch hier. Lehrbuch, Bd.1. Berlin. München. Langenscheidt, 1982

---

3. Puente,J. et al
   Das Deutschbuch. Arbeitsheft. Niedernhausen/Ts. Falken-Verlag. 1980

****
Mehr folgt ... Weiter mit Eingabetaste

Eingaben zu den folgenden Lehrwerken wurden schon gemacht:
Wenn Ihre Eingabe eins davon betrifft, merken Sie sich die entsprechende Nr.

Ist das dieser Eintrag?

ist mit ‹J›/‹j› oder ‹N›/‹n› zu beantworten. Bei Bejahung dieser Frage erscheint an derselben Stelle die Frage:

Wollen Sie diesen Text L (öschen) oder K (orrigieren)?

Das Eintippen von ‹L›/‹l› bewirkt, daß anschließend die folgende Frage, (die, um ihre Bedeutung zu betonen, von einem akustischen Signal begleitet wird) auf dem Bildschirm erscheint:

Sind Sie sicher, daß der Eintrag gelöscht werden soll? (J/N):

Sollte trotz dieser Warnung dennoch ungewollt ein Fehler passieren, kann der gelöschte Eintrag wiederhergestellt werden (siehe Kapitel 17.4). Die Beantwortung der Frage:

Wollen Sie diesen Text L (öschen) oder K (orrigieren)?

mit ‹K›/‹k› gibt den entsprechenden Eintrag zur Korrektur frei. Zwei Arten der Korrektur sind hier zu unterscheiden: Die Änderung der Kennziffer und die Änderung des Textes eines Eintrags. Wir werden zunächst die letzte Möglichkeit genauer beschreiben, weil die erste vor allem bei Veränderung der Struktur der Datenbank eingesetzt wird und deshalb sinnvollerweise einen Suchgang erfordert, der erst im nächsten Kapitel beschrieben wird.

Die Textkorrektur ähnelt dem Vorgang der Eingabe. Der Text eines Eintrags erscheint auf der sogenannten Eingabemaske. Die Eingabemaske kann man mit einem vorgedruckten Blatt vergleichen, auf dem die Namen der auszufüllenden Rubriken stehen. Der Vorgang des Ausfüllens und der Korrektur wird oft Editieren genannt. Die Editiermöglichkeiten innerhalb der Maske sind auf eine Zeile begrenzt (d.h. ein automatischer Zeilenumbruch wird nicht durchgeführt). Das Erreichen des Zeilenendes wird durch einen Warnton signalisiert. Innerhalb einer Zeile kann man neue Zeichen einfügen (auch wenn der Cursor nicht am Ende einer Zeile steht) oder vorhandene löschen. Man kann nur soviel Text einfügen, wie Platz auf der Maske ist.

Zum Löschen dienen die Tastenkombination CTRL-Y (löscht die ganze Zeile) und die Löschtasten (löschen ein Zeichen links vom Cursor bzw. das, auf dem er sich befindet).

Die Funktion der F5-Taste wurde bereits im Kapitel 15 beschrieben. Das Drücken dieser Taste leitet den Vorgang der Bewertung des aktuellen Eintrags ein.

Die Pfeiltasten dienen zur Bewegung des Cursors innerhalb der Eingabemaske: Pfeil nach links bzw. nach rechts bewegen den Cursor jeweils um ein Zeichen nach links bzw. nach rechts; Pfeil nach oben bzw. unten plazieren den Cursor jeweils eine Zeile oberhalb bzw. unterhalb der aktuellen Zeile. Wenn sich der Cursor in der untersten Zeile befindet, wird er durch die Betätigung der Pfeiltaste nach unten in die oberste Zeile gebracht. Auch die Eingabetaste bewegt den Cursor um jeweils eine Zeile nach unten, mit dem Unterschied jedoch, daß wenn der Cursor sich in der letzten Zeile befindet, die Maske verlassen wird. Nach dem Verlassen der Maske erscheint die Frage:

Ist diese Fassung OK? (J/N)

Wenn sie bejaht wird, wird die korrigierte Fassung des Eintrags abgespeichert; andernfalls kehrt das Programm bis zur Kennziffereingabe zurück.

17.2 Einträge in einem Unterbereich korrigieren

Die Funktion *Einträge in einem Unterbereich korrigieren* ähnelt im Grunde genommen der oben beschriebenen. Lediglich der Suchvorgang läuft hier nach anderen Prinzipien ab: es werden alle Einträge eines Großbereiches in Kombination mit einem Unterbereich gesucht, die man anschließend nacheinander korrigieren kann. Das Wählen des Großbereiches erfolgt durch das Eintippen des entsprechenden Buchstabens (‹T›/‹t›, ‹G›/‹g›, ‹I›/‹i›, ‹X›/‹x›). Anschließend müssen die Kennziffern des gesuchten Unterbereiches eingegeben werden. Das Fragezeichen an der ersten bzw. dritten Stelle der Kennziffer bewirkt, daß eine Liste der Ober- bzw. Unterbereiche auf dem Bildschirm ausgegeben wird. Nach dem abgeschlossenen Suchvorgang werden die Einträge aus dem entsprechenden Unterbereich auf dem Bildschirm gezeigt. Nach jedem Eintrag erscheinen unter der Eingabemaske die Information über Steuerungsmöglichkeiten des Programms. Diese Befehle werden auch im Ausgabeteil vom «Steinbruch» benutzt (vgl. Kapitel 13.2.2) und dienen der Suche und der Betrachtung von einzelnen Datenbankeinträgen innerhalb eines Unterbereiches.

Die Beantwortung der schon aus dem vorherigen Kapitel bekannten Frage:

Wollen Sie diesen Text L (öschen) oder K (orrigieren)?

entscheidet, ob der aktuelle Eintrag gelöscht (in diesem Fall muß die Antwort noch einmal bestätigt werden) oder korrigiert wird. Die ‹K›- bzw. ‹k›-Taste bewirkt, daß der aktuelle Eintrag zur Korrektur freigegeben wird. Für die Korrektur gelten die gleichen Bedingungen, wie sie im vorhergehenden Kapitel beschrieben wurden: es können sowohl die Texte eines Eintrags als auch die Kennziffer korrigiert sowie die Bewertung durchgeführt werden. Auch die Editiervorgänge sind die gleichen wie gerade (siehe Kapitel 17.1) beschrieben.

Da mit diesem Suchvorgang alle Einträge aus einem Unterbereich auffindbar sind, ist er gut geeignet, um Strukturveränderungen der Datenbank vorzunehmen. Man kann die Einträge eines Unterbereiches betrachten, um festzustellen, welche der Einträge eine neue Kennziffer bekommen. Auf diese Weise kann eine Suchkategorie gespalten bzw. zusammengefaßt werden. Die Veränderung der Kennziffer eines Ober- bzw. Unterbereiches wird wie ein ganz normaler Editiervorgang durchgeführt: wenn sich der Cursor an der entsprechenden Stelle der Eingabemaske befindet, kann die alte Kennziffer gelöscht und neu eingegeben werden. Die zwei Zeilen, die sich unmittelbar unter den Kennziffern befinden, in denen die Namen der Ober- und Unterbereiche stehen, brauchen an dieser Stelle nicht ausgefüllt zu werden. Wenn man in einem Eintrag nur die Kennziffer geändert hat, bewegt man den Cursor – am schnellsten mit der ‹Pfeiltaste nach oben› – in die unterste Zeile der Maske, um sie dann (mit Hilfe der Eingabetaste) schnell zu verlassen.

Eine Bestätigung der anschließenden Frage:

Ist diese Fassung OK? (J/N)

mit ‹J›/‹j› bewirkt, daß die Kennziffer der korrigierten Bereiche überprüft wird. Wenn die Suchkategorie, auf die sich die eingegebene Kennziffer bezieht, schon existiert, wird der Eintrag in der korrigierten Version abgespeichert. Sollte die Kennziffer vollkommen neu sein, wird der Benutzer darauf aufmerksam gemacht, daß die Namen der entsprechenden Bereiche noch korrigiert werden müssen. Dies muß mit Hilfe des Hilfsprogramms *Ober-/Unterbereiche korrigieren* (siehe Kapitel 17.3) geschehen. Der beschriebene Vorgang stellt eine Sicherheitsmaßnahme dar, damit man keine falschen oder widersprüchlichen Strukturen der Suchkategorien produziert. Bis zur Veränderung der Namen der Ober- bzw. Unterbereiche enthalten ihre Namen eine Warnung:

Dieser Oberbereich muß noch korrigiert werden!

bzw.

Dieser Unterbereich muß noch korrigiert werden!

Nach der Korrektur eines Eintrags wird der jeweils nächste Eintrag auf dem Bildschirm gezeigt. Die oben beschriebene Prozedur kann wiederholt werden. Der Abbruch dieser Funktion kann mit Hilfe der ESC-Taste geschehen; ansonsten wird er automatisch nach der Korrektur bzw. dem Lesen des letzten Eintrags durchgeführt.

17.3 Ober- bzw. Unterbereiche umbenennen/verändern

Bevor Sie mit diesem Hilfsprogramm arbeiten, ist es ratsam, Kapitel 16 zu lesen. Dort wird die Logik der Veränderungen der Suchkategorien erläutert.

Die Wahl der Funktion *Ober- bzw. Unterbereiche umbenennen/verändern* führt zu einem neuen Menü, in dem man entscheiden muß, ob ein Ober- oder ein Unterbereich korrigiert werden soll. Anschließend entscheidet man, welchen Großbereich die Korrektur betreffen soll. Die anschließende Eingabe der Kennziffer des Bereiches bewirkt, daß der aktuelle Name gefunden und man gefragt wird, ob er gelöscht oder neu formuliert werden soll. Sie sollen sich für das Löschen nur dann entscheiden, wenn Sie *ganz* sicher sind, daß *keine* Einträge mit der aktuellen Kennziffer existieren. Wenn Sie sich für die Korrektur eines Namens entschieden haben, werden Sie aufgefordert, diesen Namen neu einzutippen (vgl. *Abbildung 26*). Die Eingabe muß mit der Eingabetaste abgeschlossen sein. Danach wird der neue Name abgespeichert und *gilt ab sofort für alle mit dieser Kennziffer versehenen Einträge des betreffenden Großbereiches.*

Wenn die von Ihnen eingegebene Kennziffer als Suchkategorie nicht existiert (sei es, weil sie zuvor gelöscht oder noch gar nicht eingegeben wurde), fragt das Programm, ob

Abbildung 26:
Hilfsprogramm *Ober- bzw. Unterbereiche umbenennen/verändern*

```
                    STEINBRUCH-HILFSPROGRAMME
                        Korrektur/Löschen
              Ober- bzw. Unterbereiche umbenennen/verändern

          den Namen des Oberbereichs korrigieren
          den Namen des Unterbereichs korrigieren

            Zurück zum Menü KORREKTUR/LÖSCHEN

Großbereich des zu korrigierenden Oberbereiches eingeben (T/G/I/X):t

Kennziffer des zu korrigierenden Oberbereiches eingeben:10

Tippen Sie den neuen Namen für den Bereich:
-(explizite) Landeskunde (im traditionellen Sinne)
  :■

Beenden mit Eingabetaste!
```

Sie eine Kategorie wiederherstellen wollen (vgl. *Abbildung 27*). Diese Frage ist in den meisten Fällen mit ‹N›/‹n› zu beantworten. Wann und warum man sie mit ‹J›/‹j› beantworten soll, wird im nächsten Kapitel beschrieben.

17.4 Wiederherstellung der gelöschten Einträge und Suchkategorien

Der Vorgang der Wiederherstellung der gelöschten Einträge ist an sich wieder ein Korrekturvorgang. Die gelöschten Einträge werden nämlich von «Steinbruch» keineswegs physikalisch gelöscht, sie werden für den Ausgabeteil lediglich nicht auffindbar gemacht. Sie erhalten die Kennziffer: 0000. Im Korrekturprogramm (vgl. Kapitel 17.1 und 17.2) von «Steinbruch» können sie bei der Eingabe dieser Kennziffer gefunden und korrigiert werden. Die Veränderung der aktuellen Kennziffer 0000 in eine neue bewirkt, daß sie auch für den Ausgabeteil wiederhergestellt werden.

Ein anderer Fall der Wiederherstellung von versehentlich gelöschten Daten ist die Wiederherstellung von Suchkategorien. Wenn Sie im Unterprogramm *Oberbereiche korrigieren/löschen* bzw. *Unterbereiche korrigieren/löschen* ungewollt eine Suchkategorie gelöscht haben (vgl. Kapitel 17.3), führt das zu merkwürdigen Ergebnissen bei der Ausgabe der Einträge: die gesuchten Einträge werden in diesem Fall zwar gefunden,[42] aber die Namen der gelöschten Ober- bzw. Unterbereiche erscheinen dann einheitlich als «Dieser Oberbereich existiert nicht» bzw. «Dieser Unterbereich existiert nicht». Dies ist ein eindeutiges Zeichen dafür, daß man eine Suchkategorie gelöscht hatte, ohne sicher zu sein, daß keine Einträge existieren, die sich auf ihre Kennziffer und ihren Namen beziehen. In einem solchen Fall gehen Sie folgendermaßen vor:

Sie rufen das Unterprogramm *Korrektur/Löschen* auf (vgl. Kapitel 17 und *Abbildung 22*). Danach aktivieren Sie die Funktion *Oberbereiche korrigieren/löschen* bzw. *Unterbereiche korrigieren/löschen* (je nach dem, welche Suchkategorie Sie wiederherstellen wollen). Anschließend tippen Sie die Kennziffer der versehentlich gelöschten Kategorie ein. Da Sie logischerweise nicht gefunden werden kann, wird das vom Programm gemeldet und Sie werden gefragt, ob Sie eine Suchkategorie wiederherstellen wollen (vgl. *Abbildung 27*). Wenn Sie mit ‹J›/‹j› antworten, werden Sie aufgefordert, den Namen der wiederherzustellenden Kategorie einzutippen. Nach Beendigung dieses Vorgangs erhalten alle unter dieser Kennziffer abgespeicherten Einträge diesen neuen Namen.

[42] Es ist nur bei der *Ausgabe via Inhaltsverzeichnis* der Fall; die *Vernetzte Ausgabe* bricht in solchen Fällen den Suchvorgang ab.

Abbildung 27:
Einfügen von versehentlich gelöschten Ober- bzw. Unterbereichen

```
                 STEINBRUCH-HILFSPROGRAMME
                     Korrektur/Löschen
        Ober- bzw. Unterbereiche umbenennen/verändern

     ┌──────────────────────────────────────────────┐
     │ den Namen des Oberbereichs korrigieren       │
     │ den Namen des Unterbereichs korrigieren      │
     │                                              │
     │   Zurück zum Menü KORREKTUR/LÖSCHEN          │
     └──────────────────────────────────────────────┘

Großbereich des zu korrigierenden Oberbereiches eingeben (T/G/I/X):t

Kennziffer des zu korrigierenden Oberbereiches eingeben:25

Dieser Oberbereich existiert nicht

Wollen Sie diese Suchkategorie wiederherstellen (J/N?):■
```

18. Festlegung der Grammatikprogression

Da der «Steinbruch» die Lehrmaterialien nicht als sakrosant betrachtet und sie aus ihrer Lehrwerkbezogenheit herausnimmt, damit man sie als Basis für Adaptionen verwenden kann, muß er auch die Möglichkeit bieten, das zerlegte Lehrwerkpuzzle, wenn notwendig, wieder zu rekonstruieren.[43] Dies scheint vor allem im Bereich der Grammatik notwendig zu sein. Die Lehrwerke behandeln die Grammatikphänomene in einer mehr oder weniger gut durchdachten Abfolge, ihrer Grammatikprogression.[44] Der «Steinbruch» rekonstruiert diese Informationen und stellt sie bei Bedarf zur Verfügung. Beim *Lesen der Einträge* (vgl. Kapitel 13.2.2) bewirkt die Betätigung der F3-Taste, daß eine Liste aller Grammatikphänomene, die in dem betreffenden Lehrwerk bis zur aktuellen Lektion behandelt wurden, ausgegeben wird.

Der «Steinbruch» wird in einer Version ausgeliefert, in der diese Informationen enthalten sind. Sollen Sie dies ändern wollen, oder haben Sie neue Lehrwerke analysiert und eingegeben, müssen die Informationen über die Grammatikprogression neu organisiert werden.

Die Festlegung der Grammatikprogression geschieht automatisch durch den Aufruf der Funktion *Grammatikprogression* im Menü *Hilfsprogramme*. Dem Programm muß nur mitgeteilt werden, auf welches Lehrwerk sich die Grammatikprogression beziehen soll. Das Programm richtet danach eine Datei mit dem Suffix .PRG ein, in der Grammatikphänomene in der Reihenfolge ihres Auftretens in einem Lehrwerk aufgelistet sind.

Sollte es dem Benutzer als nicht sinnvoll erscheinen, die automatische Progressionsfestlegung durchzuführen, was z. B. bei einer Materialsammlung, die nicht als Lehrwerk konzipiert wurde, der Fall ist, so kann er in die Datei mit den Progressionslisten eine Zeile Text eingeben, die beim Aufruf an Stelle einer Progressionsliste auf dem Bildschirm erscheinen wird. Die Standardausgabe in diesem Fall ist der folgende Satz:

Diese Materialquelle folgt nicht dem Prinzip der Grammatikprogression.

19. Eingabe

Die Eingabe in «Steinbruch» wollen wir anhand eines Beispiels kurz beschreiben. *Abbildung 28* zeigte die erste Bildschirmseite nach dem Wählen von *Eingabe* im Hauptmenü.

[43] Teilweise spielt die Vernetzung der Einträge diese integrierende Rolle.
[44] Bei Materialsammlungen wie GÖBEL (1983) oder SPIER (1981) trifft das natürlich nicht zu.

Abbildung 28:
Erstes Menü der *Eingabe*

```
                STEINBRUCH-EINGABEPROGRAMM

Wählen erfolgt durchs Eintippen des entsprechenden Buchstabens:
T-Themen / G-Grammatik / I-Intentionen / X-Textsorten / E-Ende

(T)hemen, (G)rammatik, (I)ntentionen, Te(X)tsorten, (E)nde der Eingabe:■

        EINGABE  -  Wählen Sie bitte den gewünschten Bereich
```

Vor der Eingabe eines Materialteils muß die Analyse erfolgen. Die Eingabe selbst ist etwa mit dem letztmaligen sauberen Abtippen einer Analyse vergleichbar, nur daß hier eben das Analyseergebnis in ein Datenbanksystem eingeht und damit entsprechend vernetzt erfaßt werden kann.

Man beginnt die Eingabe mit der Auswahl von *T, G, I* oder *X* – falls man nach Aufruf der Eingabe an dieser Stelle plötzlich der Meinung sein sollte, daß man doch lieber noch nichts eingeben will, wählt man (*E*) Ende der Eingabe. Nach der Wahl von *T, G, I* oder *X* beginnt die Eingabe dementsprechend in der Abteilung Thema, Grammatik, Intentionen oder Textsorte. Die Informationen zu den anderen Bereichen erfolgen dann als Vernetzungsangaben zum jeweils gewählten Einstiegsbereich.

Nach der Eingabe von *T, G, I* oder *X* erscheint auf dem Bildschirm die Frage nach der Quelle. *Abbildung 29* gibt diese Bildschirmseite wieder, wie sie sich zu dem Zeitpunkt darstellte, als wir gerade das achte analysierte Buch eingaben.

Der Eingeber wählt aus unter

- Eingabe der Nummer für ein bestimmtes schon festgelegtes Lehrwerk
- Betätigung der Eingabetaste für das zuletzt eingegebene Lehrwerk
- Eingabe eines beliebigen Buchstabens. Damit wird dem Programm mitgeteilt, daß die folgende Eingabe sich auf ein neues Buch bzw. eine neue Materialsammlung bezieht.

Es folgt als nächste Bildschirmseite die Frage nach der Kennziffer des Ober- und Unterbereiches. Die Kennziffereingabe muß mit der Eingabetaste abgeschlossen werden. Die Abfrage bezieht sich auf die *Kennziffer des Oberbereiches* und *Kennziffer des Unterbereiches*. Bei den einstelligen Kennzahlen setzt das Programm eine 0 vor die eingegebene Ziffer.

Nach einem programminternen Suchvorgang, in dem festgestellt wird, ob die eingegebenen Kennziffern schon einmal eingegeben wurden, erscheint die eigentliche Eingabemaske, die wir als *Abbildung 30* wiedergegeben haben.

In unserem Beispiel wurden die Namen für den Ober- und Unterbereich (Zeile 2 und 3 in der *Abbildung 30*) automatisch an die entsprechenden Stellen eingelesen. Dieser Vorgang bietet eine zusätzliche Sicherheit bei der Arbeit mit Kennziffern. Man sollte sich auf jeden Fall vergewissern, ob die richtigen Kategorien aufgerufen worden sind (= man hat sich nicht vertippt). Bei einer Fehleingabe soll der Cursor gleich ans Ende der Maske bewegt werden, und die dann erscheinende Frage:

Ist das OK? (J/N)

muß mit *N* beantwortet werden. Auf diese Weise kann die Kennziffereingabe wiederholt werden.

Wenn die dritte bzw. dritte und zweite Zeile der Eingabemaske leer sind (d.h. die eingegebene Kennziffer tritt zum ersten Mal auf), müssen die Namen der Bereiche vom Benutzer ausgefüllt werden (bei einer nächsten Eingabe werden diese Kategorien dann automatisch eingelesen). Die Maske kann danach ausgefüllt werden.

Abbildung 29:
Wahl der Quelle, aus der der einzugebende Eintrag stammt

```
-----------------------------------------------------------

6 Göbel, Richard
  Deutsch mit Fortgeschrittenen. Frankfurt/Main: Scriptor 1983

-----------------------------------------------------------

7 Lohfert, Walter
  Kommunikative Spiele für Deutsch als Fremdsprache. München: Hueber 1983

-----------------------------------------------------------

8 Spier, Anne
  Mit Spielen Deutsch lernen. Königstein/Ts: Scriptor 1981

****************************************************************************
        Wenn Lehrwerk vorhanden -
        Bitte die Nr. des Lehrwerks eintippen
                 EINGABETASTE = letzte Nummer
                 beliebiger Buchstabe = neues Buch
                                  Eingabe betrifft Nr:■

         Eingaben zu den folgenden Lehrwerken wurden schon gemacht:
 Wenn Ihre Eingabe eins davon betrifft, merken Sie sich die entsprechende Nr.
```

Abbildung 30:
Eingabemaske (eine Beispieleingabe)

```
                                                        F5 = BEWERTUNG
Oberbereichskennzahl: 01     Unterbereichskennzahl: 01
 - Ausländer - Deutsche____________________________________________
 - Einstellungen gegenüber Ausländern und Aussagen über sie________
Materialsorte: Zeitungsausriß, Fotos_______________________________
  _____________________________________________________________

Vernetzt mit: ____________________________________
Skizze des Inhalts: Einwohner von Berlin Neukölln äußern sich zur Aufstellung__
von Zelten für Asylanten auf einem Schulhof. Zum Teil ausländerfeindliche Aus-_
sagen. Auch als Vorlage zu einer Diskussion über die Presse zu verwenden. _____
  Als Thema ist dieser Text auch unter Vorurteile/Stereotype (03 02) und Medien
  (19 02) katalogisiert._______________________________________________________
  _____________________________________________________________________________
  _____________________________________________________________________________
  _____________________________________________________________________________

Autor: Ausriß aus der Berliner Presse__________________________________________
Buch : Unterrichtsmaterial von Klaus. Aktenordner 22.__________________________
Lektion: __ Seite: Ziemlich am Anfang des Ordners______________________________
Ist das OK? (J/N):■

                          EINGABE - THEMEN
```

Die Zeile Vernetzung bleibt zunächst leer. Sie wird später automatisch vom Programm ausgefüllt. In den Zeilen, die für die Skizze des Inhalts vorgesehen sind, sollen auch Angaben über die Katalogisierung des entsprechenden Textes innerhalb desselben Bereiches vermerkt werden. Die Editiermöglichkeiten innerhalb der Maske sind auf eine Zeile begrenzt (d. h. ein automatischer Zeilenumbruch wird nicht durchgeführt). Das Erreichen des Zeilenendes wird durch einen Warnton signalisiert. Die Pfeiltasten dienen zur Bewegung des Cursors innerhalb der Eingabemaske. Zum Löschen dienen die Tastenkombination CTRL-Y (löscht die ganze Zeile) und die Löschtasten (löschen ein Zeichen links von bzw. unter dem Cursor). Um die Maske zu verlassen (der Cursor muß sich in der letzten Zeile befinden), drückt man die Eingabetaste.

Anschließend erscheint die Frage:

Ist das OK? (J/N)

Bei der Eingabe ‹N›/‹n› springt das Programm zur Abfrage der Kennziffern zurück; der schon eingegebene beschreibende Text bleibt aber auf der Maske bestehen, so daß nach einer Veränderung der Kennziffern man nicht wieder den ganzen Text neu schreiben muß. Wenn sie mit ‹J› bzw. ‹j› beantwortet wird, erscheint die nächste Frage am Bildschirmende:

Vernetzung mit anderen Bereichen? (J/N)

Wenn diese mit ‹J› beantwortet wird, erscheint die in *Abbildung 31* wiedergegebene Bildschirmseite.

Hier werden nun weitere Angaben zum gewählten Materialteil gemacht. In unserem Fall bietet es sich an, *X* einzugeben und Hinweise auf den Text unter der Textsorte *Zeitungsausriß* einzugeben. Es erscheint nun wieder die Maske für die Eingabe (vgl. *Abbildung 32*) – alles, was wir bisher zur Eingabe beschrieben haben, gilt weiterhin. Es wird also wieder ausgefüllt, *Ist das OK (J/N)?* wieder mit ‹J› beantwortet, und dann erscheint wieder das in *Abbildung 31* wiedergegebene Menü.

Unterstellen wir einmal, daß der Benutzer keine Angaben zu den Bereichen Grammatik und Intentionen und keine weiteren mehr zu Textsorten machen kann oder möchte. Dann gibt er nach Abschluß der *X*-Eingabe ‹K›/‹k› (= keine Vernetzung mehr) ein. Daraufhin bittet der Computer den Benutzer um ein wenig Geduld und vernetzt die beiden Angaben miteinander. Zur Kontrolle erscheinen auf dem Bildschirm nun die um die Vernetzung bereicherten Angaben (vgl. *Abbildung 33*). Danach kehrt «Steinbruch» zum ersten Menü des Eingabeteils zurück (vgl. *Abbildung 28*). Hätten noch weitere Vernetzungen vorgelegen, hätte man statt ‹K›/‹k› den Buchstaben für den Großbereich, zu dem die Vernetzung gehört, eingeben müssen. Es können nicht mehr als sechs Vernetzungen eingegeben werden.

Möchte der Benutzer nun denselben Artikel noch einmal abspeichern (z. B. unter dem noch nicht erfaßten Thema *Medien*), so beginnt er wieder mit der Eingabe *T*. Diesmal muß er die Angabe zur Quelle nicht wieder neu angeben; nach der Eingabe-Taste bei der Quellenwahl schreibt «Steinbruch» automatisch die richtigen Angaben. Wenn man die thematische Eingabe nun wieder mit der Textsorte vernetzen möchte und bei *X* die

Abbildung 31:
Menü der vernetzten Eingabe

```
                    STEINBRUCH-EINGABEPROGRAMM

Wählen erfolgt durchs Eintippen des entsprechenden Buchstabens:
T-Themen / G-Grammatik / I-Intentionen / X-Textsorten / E-Ende

(T)hemen, (G)rammatik, (I)ntentionen, Te(X)tsorten, (K)eine Vernetzung mehr:■

   EINGABE - VERNETZUNG - Wählen Sie bitte den gewünschten Bezugsbereich
```

Abbildung 32:
Eingabemaske bei der Eingabe der vernetzten Einträge (eine Beispieleingabe)

F5 = BEWERTUNG

Oberbereichskennzahl: 03 Unterbereichskennzahl: 01
- Realien
- Zeitungsausrisse (redaktioneller Teil)

Materialsorte: Zeitungsausriß, Fotos

Vernetzt mit:
Skizze des Inhalts: Einwohner von Berlin Neukölln aüßern sich zur Aufstellung von Zelten für Asylanten auf einem Schulhof.

Autor: Ausriß aus der Berliner Presse
Buch : Unterrichtsmaterial von Klaus. Aktenordner 22.
Lektion: __ Seite: Ziemlich am Anfang des Ordners■

EINGABE - VERNETZUNG zu:
Einstellungen gegenüber Ausländern und Aussagen über sie

Abbildung 33:
Um die Vernetzung bereicherte Eingabemaske (eine Beispieleingabe)

F5 = BEWERTUNG

Oberbereichskennzahl: 03 Unterbereichskennzahl: 01
- Realien
- Zeitungsausrisse (redaktioneller Teil)

Materialsorte: Zeitungsausriß, Fotos

Vernetzt mit: T0101*
Skizze des Inhalts: Einwohner von Berlin Neukölln aüßern sich zur Aufstellung von Zelten für Asylanten auf einem Schulhof.

Autor: Ausriß aus der Berliner Presse
Buch : Unterrichtsmaterial von Klaus. Aktenordner 22.
Lektion: __ Seite: Ziemlich am Anfang des Ordners

Bitte um etwas Geduld
Die eingegebenen Einträge werden um Angaben über ihre Vernetzung ergänzt

Kennziffern 0301 für Zeitungsausriß eingibt, liefert das Programm alle Einträge, die zu dieser Kennziffernkombination bisher unter der laufenden Quelle eingegeben worden sind und fragt jeweils, ob dieser Eintrag gemeint ist. Bei, wie in unserem Beispiel, positiver Antwort, führt das Programm dann sofort die Vernetzung durch, ohne daß noch irgendetwas eingetippt werden müßte. Unser Textsorten-Eintrag hätte damit also schon zwei thematische Bezüge, die beiden Themen-Einträge hätten jeweils einen Textsorten-Bezug. Nach einer dritten Themen-Eingabe (z. B. via *nationale Stereotype/ Vorurteile*) hätte derselbe Textsorten-Eintrag dann drei Hinweise auf Themen. Nimmt man dann noch einige Grammatik- oder Intentionenbezüge hinzu, dann kann man sich leicht vorstellen, wie das Prinzip der Vernetzung von «Steinbruch» zu einer großen Menge von leicht erreichbaren Querverweisen führt.

Der Eingabeteil wird durch das Drücken der ‹E›-Taste beendet. Auf diese Weise kehrt man zum Hauptmenü zurück. Sollten bei der Eingabe Fehler aufgetreten sein, so sind sie mit Hilfe des Hilfsprogramms *Korrektur/Löschen* zu korrigieren. Es ist zu beachten, daß ein einzelner Eintrag Eingabefehler auf vier Ebenen haben kann: Namen des Oberbereiches, Namen des Unterbereiches, Namen des Autors und des Lehrwerkes und Textteil eines Eintrages. Entsprechend dieser Einteilung sind im Löschprogramm Korrekturmöglichkeiten für diese Datenarten vorgesehen.

20. Überblick über die bisherige Ladung des Steinbruchs

Wir beschreiben in diesem Kapitel, was an Lehrmaterial in die Erstladung des «Steinbruchs» eingegangen ist – zuerst die Oberbereiche und dann in 20.1 bis 20.4 genauer die einzelnen Unterbereiche. Ergänzt wird diese Dokumentation mit Kommentaren zum Zustandekommen der Kategorien und zum Stand der Lehrmaterialentwicklung, soweit er sich aus dieser Dokumentation ablesen läßt.

Von den 2756 Einträgen der Erstladung gehören 1240 in den Bereich Themen. Sie verteilen sich wie folgt auf die Oberbereiche:

Tabelle 1:
Erstladung des «Steinbruchs» im Großbereich «Themen»

01	Ausländer – Deutsche	45
02	Emigration (Heimweh)	13
03	Vorurteile/Stereotype	14
04	Sitten – Gebräuche	40
05	Essen/Trinken	32
06	Menschliches Miteinander	43
07	Familie – Rollen	44
08	Körper – Gesundheit – Krankheit	38
09	Individuum (Namen, Aussehen, Kleidung, Angaben zur Person)	49

10 (explizite) Landeskunde (im traditionellen Sinne) 26
11 Kunst, Kultur 43
12 Sprache, Sprachenlernen 253
13 Wertesystem – Weltanschauung 6
14 Wohnen 56
15 Arbeit 74
16 Freizeit 105
17 Wirtschaft – Geld – Einkaufen 76
18 Zeit 26
19 Medien 6
20 Schule 23
21 Sich verhalten zu: Institutionen, Bürokratie 28
22 Post und Verkehr 64
23 Auto – Technik 35
24 Geographie, räumliche Orientierung 51
25 Natur 8
26 Dies und das 41

In Kapitel 8 hatten wir ja schon auf die Problematik der Kategorienbildung verwiesen. Aus den Zahlen kann man jetzt ersehen, wie verschieden stark die verschiedenen Themenbereiche im Lehrmaterial bisher vertreten sind. Sieht man einmal von dem Oberbereich *Sprache, Sprachenlernen* ab, dessen hohe Zahl, wie wir in 20.1 sehen werden, nicht auf eine besonders starke metakommunikative Ausrichtung schließen läßt, sondern eher das Ergebnis einer willkürlichen Entscheidung unsererseits ist, dann fällt auf, daß Themenbereiche, die eher alltagsorientiert sind, stärker vertreten sind als Themenbereiche, die eher dem Kulturellen und Interkulturellem zuzuordnen sind (*Arbeit* 74/*Freizeit* 105/*Wirtschaft – Geld – Einkaufen* 76 vs. *Wertesystem – Weltanschauung* 6/*Vorurteile, Stereotype* 14/*Emigration, Heimweh* 13). Eine derartige Aussage ist auf dieser allgemeinen Ebene nur mit größter Vorsicht zu machen; inwieweit Lehrwerke interkulturell ausgerichtet sind oder nicht ist nicht nur und wohl nicht einmal in erster Linie eine Frage der gewählten Inhalte, sondern eine Frage der Perspektive, der Art und Weise, in der in einem Lehrwerk an ein bestimmtes Thema herangegangen wird. So kann jede Einkaufssituation, jede Diskussion am Arbeitsplatz mit einer Fremdperspektive, mit dem Blick von außen auf das Deutsche, versehen sein.[45] Man kann jedoch bei der Betrachtung der meisten existierenden Lehrwerke nicht davon ausgehen, daß sie Alltagsthemen mit einer fremdperspektivischen Betrachtungsweise angehen.

1098 der Einträge gehören in den Bereich Grammatik.

Tabelle 2:
Erstladung des «Steinbruchs» im Großbereich «Grammatik»

01 Verb 317
02 Substantiv (und implizite Behandlung des bestimmten Artikels) 51
03 Artikel 35
04 Adjektiv 66
05 Zahlen aller Art 43

[45] Zur interkulturellen Ausrichtung von Deutsch als Fremdsprache – Materialien vgl. RÖSLER (1987).

06 Pronomen 129
07 Adverb 1
08 Präposition 51
09 Konjunktionen 5
10 Grad- und Abtönungspartikeln, Interjektionen 5
11 Negationen aller Art 26
12 Wortbildung 12
13 Satzteile 161
14 Satz 115
15 Aussprache 38
16 Orthographie 28
17 Wortstellung (nicht Nebensatz) 11
18 Idiomatik, Metaphorik, Wortschatzarbeit 4

Diese Liste der Oberbereiche entspricht im wesentlichen einem gekürzten Inhaltsverzeichnis einer konventionellen Schulgrammatik. Die Problematik der Grammatikklassifikation wird erst bei der Auflistung der Unterbereiche in 20.2 offensichtlich werden. Die Zahl der Einträge in bestimmten Oberbereichen (*Wortstellung* 12, *Grad- und Abtönungspartikeln, Interjektionen* 5) deutet aber darauf hin, daß die verschiedenen Grammatikphänomene in den Lehrwerken keinesfalls gleich ausführlich behandelt worden sind.

Grammatik und Themen machen den Löwenanteil der bisherigen Einträge aus. Dagegen hat sich, wie schon in Kap. 7 erwähnt, eine Klassifikation nach Redeabsichten, Intentionen, kommunikativen Funktionen, Sprechakten oder wie auch immer wir die Zusammenfassung all der sprachlichen Strategien, mit denen Sprecher sich in ihrem Umfeld konstituieren, als äußerst schwierig erwiesen. Selbstverständlich sind in fast jedem Text bestimmte Intentionen vorhanden. Das reicht aber für eine Aufnahme in den «Steinbruch» nicht aus. Trotz der allgegenwärtigen Betonung der Bedeutung von Redeabsichten etc. in der kommunikativen Didaktik der letzten fünfzehn Jahre ist es offensichtlich in den Lehrwerken *nicht* dazu gekommen, diese *in derselben Weise* zu einem *Lerngegenstand* zu machen wie z. B. bestimmte Grammatikelemente oder Wortfelder. Dies ist nicht notwendigerweise als Kritik zu verstehen – denn wer sagt denn, daß die isolierte Präsentation und Einübung von ‹widersprechen› o. ä. automatisch etwas Positives ist – es erklärt aber, warum im «Steinbruch», in dem es eine Voraussetzung für die Aufnahme einer Einheit ist, daß eine gewisse Konzentration auf einen thematischen, grammatischen oder intentionalen Schwerpunkt vorhanden sein muß, weitaus weniger Intentionen vorhanden sind als z. B. Themen.

Tabelle 3:
Erstladung des «Steinbruchs» im Großbereich «Intentionen»

01 Soziale Kontakte 38
02 Gesprächsablauf 23
03 Informationsgewinnung/Mitteilung/Stellungnahme 123
04 Gefühle/Stimmungen 20
05 Aufforderungen 22
06 Restgruppe 13

178 Einträge im Bereich Textsorten haben bisher im «Steinbruch» Platz gefunden. Auch das klingt auf den ersten Blick verwirrend. Hat nicht jeder Text seine Sorte, und sei es nur die Sorte *Lehrwerktext*? Statt einfach *Textsorte* zu schreiben, hätte man wahrscheinlich schreiben müssen: *im Kontext von normalem (was immer genau das sein mag) Lehrmaterial besonders hervorgehobene Textsorte, von der wir angenommen haben, daß sie ab und an für den Unterricht von besonderem Interesse sein kann.* In diesem Sinne sind es dann plötzlich gar nicht mehr so viele Textsorten, die einen eigenen Eintrag verdienen.

Tabelle 4:
Erstladung des «Steinbruchs» im Großbereich «Textsorten»

01	Literarisch im weitesten Sinne	62
02	Öffentliche Texte	34
03	Realien	61
04	«Private» Texte	21

20.1 Großbereich Themen

Tabelle 5:
Erstladung des «Steinbruchs» im Oberbereich «Ausländer-Deutsche»

01	Ausländer – Deutsche	45
0101	Einstellungen gegenüber Ausländern und Aussagen über sie	9
0102	Bedeutungen der ausländischen Arbeiter für die BRD	7
0103	Einzelschicksale v. Ausländern (Individuen, Prominente, Menschen v. nebenan)	13
0104	Aussagen von Deutschen über Türken	2
0105	Ausländer berichten über Deutschland	4
0106	Auseinandersetzungen zwischen Ausländern und Deutschen	4
0107	Besondere Situationen der ausländischen Frauen	5
0108	Ausländer verschiedener Länder untereinander (Deutsch: Verkehrssprache)	1

Einzelschicksale von Ausländern ist eine dieser Sammelkategorien, die das Dilemma des «Steinbruchs» beleuchten, ab und an Dinge zusammenfassen zu müssen, die man eigentlich lieber nicht unbedingt zusammenfassen möchte. Unter den 13 Einträgen hier findet man

- einen Straßenfeger aus Köln
- eine im wesentlichen formale Übung mit Bezug zu einer individuellen Geschichte
- einen Brief einer Ausländerin an eine Freundin in Deutschland
- Informationen zu den Lebensverhältnissen von drei jungen Ausländern
- die Abschiebeproblematik am Beispiel eines Jugendlichen
- eine Erzählung über die Nöte, Erfahrungen und Ereignisse im Leben eines ausländischen Arbeiters
- ein Gedicht ‹Wofür lebe ich?›

- Texte von Kindern über Eltern, Schule, Sprachschwierigkeiten
- 5 (sprachlern-)biographische Statements von Ausländern
- Tagesarbeitsablauf bei Ford
- Ali Alkan lädt am Wochenende Deutsche ein, aber sie kommen nicht
- der Sizilianer Franco, der nach Deutschland gegangen ist, um zu arbeiten
- der Fußballer Ilyas Tüfekci erzählt eine ‹so richtig aus dem Leben gegriffene› Geschichte.

Verglichen mit z.B. 0106 *Besondere Situation der ausländischen Frauen* ist dies eine Kategorie, die zu so einem Sammelsurium einlädt. Wenn unsere Annahme richtig ist, daß der Themenbereich *Ausländer – Deutsche* zu den Bereichen gehört, zu denen wohl vor Ort besonders viel neues Material produziert werden wird, dann ist zu vermuten, daß mit einer wachsenden Anzahl von Materialien auch die Unterbereiche dieses Bereiches verfeinert werden können, so daß dann unter Umständen dieser Unterbereich *Einzelschicksale* ganz aufgelöst und in genauer treffende Unterbereiche überführt werden kann.

Tabelle 6:
Erstladung des «Steinbruchs» im Oberbereich «Emigration (Heimweh)»

02	Emigration (Heimweh) 13
0201	Deutschland als Einwanderungsland 3
0202	Wunschvorstellungen/Utopien über das neue Land 6
0203	Rückkehr in die Heimat (Urlaub oder endgültig) 4

Tabelle 7:
Erstladung des «Steinbruchs» im Oberbereich «Vorurteile/Stereotype»

03	Vorurteile/Stereotype 14
0301	Aufbrechen von Vorurteilen 4
0302	Vorurteile von Deutschen gegenüber Ausländern 7
0303	Vorurteile von Ausländern gegenüber Deutschen 3

Die geringe Zahl von Einträgen, die diese beiden Bereiche bisher auf sich vereinigen konnten, macht es wahrscheinlich, daß dies Bereiche sind, in denen kombinierte Suchläufe, wie sie in Kapitel 13.3 beschrieben worden sind, am Anfang wenig erfolgversprechend sein werden. Umso wichtiger, daß hier möglichst schnell mit der Produktion von eigenen zusätzlichen Materialien begonnen wird.

Tabelle 8:
Erstladung des «Steinbruchs» im Oberbereich «Sitten – Gebräuche»

04	Sitten – Gebräuche 40
0401	Verhältnis zu Tieren 2
0402	Gastfreundlichkeit, Einladungen 13
0403	Geschenke 2

0404 Feste 14
0405 Alltagsgewohnheiten 7
0406 Aberglauben 2

Tabelle 9:
Erstladung des «Steinbruchs» im Oberbereich «Essen/Trinken»

05 Essen/Trinken 32
0501 Rezepte 4
0502 Im Restaurant/Imbißstube/Speisekarte 12
0503 Lebensmittel 7
0504 Eßgewohnheiten 6
0505 Kochen, Essen machen 3

Tabelle 10:
Erstladung des «Steinbruchs» im Oberbereich «Menschliches Miteinander»

06 Menschliches Miteinander 43
0601 Beziehungsprobleme unter Jugendlichen 2
0602 Flirt, Liebe, Trennung, Sehnsucht 4
0603 Kontakte: Anmachen und Zurückweisen 3
0604 Alltagsverhalten: höflich, gewitzt, Streit 2
0605 Helfen, gemeinsames Suchen, Finden 5
0606 Verabredungen 7
0607 Du – Sie 1
0608 Begrüßung, Wie geht's..., sich vorstellen, wiedererkennen 13
0609 Besuchen, Besuch empfangen 3
0610 Konkurrenz, Wettbewerb, Neid, Konflikte 2
0611 Sexualität 1

Während bei den Themenbereichen *Sitten und Gebräuche* und *Essen und Trinken* die Unterbereiche relativ klar abgegrenzt sind und man sich höchstens fragen kann, warum andere Aspekte dieses Themas den Lehrwerken bisher keine Erwähnung wert waren, ist der Bereich *Menschliches Miteinander* so ohne Probleme nicht. Nicht jede Lehrwerkserwähnung des Übergangs vom Duzen zum Siezen wird hier aufgenommen, dieser Übergang muß schon thematisiert worden sein, um hier zu zählen.[46] Manch eine Benutzergruppe wird nach einiger Zeit die Einträge aus den Bereichen 0601–0603 anders zusammenlegen und klassifizieren wollen; und manch eine Gruppe wird die banaleren Begrüßungsmaterialien, die unter 0608 noch der Vollständigkeit halber mit aufgenommen worden sind, bald aus ihrem «Steinbruch» entfernen; da aber sicher Lehrende, die viel mit Anfängern arbeiten müssen, diese werden verwenden können, haben wir sie erst einmal gespeichert gelassen. Einige der Einträge in diesem Unterbereich machen klar, daß das Thema Begrüßung keineswegs immer auf die ersten Lektionen des Lehrwerks beschränkt bleiben muß.

[46] Vorkommen von *Du–Sie,* bei denen wenig thematisiert wird, haben wir einen eigenen Unterbereich im Grammatikbereich *Pronomen* gegeben. Auch bei dieser Zweiteilung rechnen wir damit, daß sie von verschiedenen Benutzergruppen bald verändert werden wird.

Tabelle 11:
Erstladung des «Steinbruchs» im Oberbereich «Familie – Rollen»

07	Familie – Rollen	44
0701	Verwandtschaftsbeziehungen	7
0702	Eltern-Kind-Kommunikation	17
0703	Kind-Kind-Kommunikation, Spiele	7
0704	Verwandtschaft – Kind	3
0705	Geschlechterrollen, Frauenbewegtes	10

Tabelle 12:
Erstladung des «Steinbruchs» im Oberbereich «Körper – Gesundheit – Krankheit»

08	Körper – Gesundheit – Krankheit	38
0801	Körperbezeichnung	10
0802	Beim Arzt: Anmeldung, Wartezimmer	6
0803	Gesundheitswesen, Krankmeldung, Formulare, Arbeitsunfähigkeit	5
0804	Krankheiten	1
0805	Wahrnehmung vom eigenen Kranksein und Arztbesuch	10
0806	Alkohol, Drogen	4
0807	Sterben, Tod	1
0808	Behinderte/Behinderte und Gesellschaft	1

Tabelle 13:
Erstladung des «Steinbruchs» im Oberbereich «Individuum (Namen, Aussehen, Kleidung, Angaben zur Person)»

09	Individuum (Namen, Aussehen, Kleidung, Angaben zur Person)	49
0901	Lebenslauf	4
0902	Personalien (mehrere Angaben)	19
0903	Charakteristika	4
0904	Aussehen, Kleidung	8
0905	Wohnort, Anschrift	6
0906	Herkunftsland, Ich komme aus…	7
0907	Rollen in der Gesellschaft	1

Wenn der Oberbereich 07 *Familie – Rollen* heißt und im Oberbereich 09 dann plötzlich ein Unterbereich *Rollen in der Gesellschaft* auftaucht, dann kann das zu Verwirrungen führen. In letzterem findet sich ein Eintrag aus GÖBEL (1983, 56), in dem die verschiedenen Rollen, die man im Leben annehmen kann, zum Gegenstand werden. Wir können uns gut vorstellen, daß bei manchen Benutzern nach einiger Zeit ein neuer Oberbereich *Rollen* festgelegt wird, der Teile der alten Oberbereiche 07 und 09 aufnimmt.

Tabelle 14:
Erstladung des «Steinbruchs» im Oberbereich «(explizite) Landeskunde (im traditionellen Sinne)»

10	(explizite) Landeskunde (im traditionellen Sinne)	26
1001	Politisches System BRD	8

1002 Ausbildungssystem BRD 6
1003 deutsche Geschichte 7
1004 europäische Geschichte 3
1005 «unpolitische» Organisationen, Verbände, Vereinigungen 1
1006 Wirtschafts-/Sozial-/Technikgeschichte 1

Selbstverständlich könnte man Themen wie Gewerkschaften oder Arbeitsorganisation usw. ebenso gut als Teil des Oberbereichs *Landeskunde* sehen wie die hier als Unterbereiche versammelten Themen. Und natürlich könnte und müßte nach unserer traditionellen Unterteilung der Welt Geschichte eigentlich einen eigenen Oberbereich bilden. Daß sie dies nicht tut und bisher Teil des Landeskundeoberbereichs ist und daß andere Elemente wie Arbeitsorganisation nicht Teil dieses Oberbereichs sind, liegt allein in der Schwerpunktsetzung der bisher analysierten Lehrwerke begründet, die die Verzweigung in einen eigenen Oberbereich im Falle der Geschichte (*deutsche Geschichte* 7, *europäische Geschichte* 3 Einträge) nicht sinnvoll erscheinen läßt.

Es ist wünschenswert, daß im Verlauf des Anwachsens des «Steinbruchs» *Landeskunde* als Oberbereich aufgegeben wird zugunsten einer Reihe neuer, schärfer konturierter Oberbereiche, die den Landeskundebereich so aufteilen, daß ein genauerer Zugriff leichter möglich wird. So wird ein neuer Oberbereich *Geschichte* sicher den Unterbereich *europäische Geschichte* aufgliedern müssen in verschiedene Unterbereiche *Geschichte der Herkunftsländer* und auch *deutsche Geschichte* muß bei etwas mehr Begeisterung seitens der Lehrmaterialmacher natürlich nicht ein einzelner Unterbereich bleiben.

Tabelle 15:
Erstladung des «Steinbruchs» im Oberbereich «Kunst, Kultur»

11 Kunst, Kultur 43
1101 Literatur 11
1102 Bauwerke, Architektur (auch internationale Vergleiche) 7
1103 Musik (incl. Lieder, Instrumente) 17
1104 Entdeckungen, Erfindungen, Gründungen 4
1105 Theater im weitesten Sinne 2
1106 Film 1
1107 Naturwissenschaft 1

Wir müssen zugeben, daß wir mehr als geschmunzelt haben, als wir einen Kurztext über Otto von Guericke und die Magdeburger Kugeln aus SCHÄPERS (1982), der zu den wenigen Einträgen überhaupt gehört, die ernsthaft dem Themenbereich *Wissenschaft* zugeordnet werden können, als Unterbereich *Naturwissenschaft* dem Oberbereich *Kunst, Kultur* zugeschlagen haben. Man kann uns dafür natürlich der Kategorienverwirrung bezichtigen, aber da wir nicht ernsthaft einen ganzen Oberbereich *Naturwissenschaft,* – was die einzige vernünftige Lösung gewesen wäre – haben wollten, der nur einen einzigen Eintrag und keine Unterbereiche hat, bleibt zur Zeit nur die Möglichkeit, diesen Eintrag hier oder im Oberbereich *Natur* zu verstecken. Für uns ist das eine so unsinnig wie das andere.

Wichtiger als diese Bemerkungen zu den Klassifikationsproblemen ist jedoch der Hinweis auf ein ziemlich unhaltbares Defizit im Lehrmaterialbereich. Es ist nur zu hoffen, daß mit dem zur Zeit herrschenden größeren Bewußtsein über die Notwendigkeit von mehr fachsprachlicher Orientierung innerhalb eines allgemeinsprachlichen und allgemeinbildenden Fremd- und Zweitsprachunterrichts[47] diese Klassifizierung eine Episode der Erstladung bleibt und daß alle Steinbrüche vor Ort mit der Eingabe von grauen, selbstgemachten oder kommerziellen Zusatzmaterialien möglichst schnell dazu kommen, aus diesem fehlplazierten Unterbereich einen eigenen Oberbereich zu bilden.

Tabelle 16:
Erstladung des «Steinbruchs» im Oberbereich «Sprache, Sprachenlernen»

12	Sprache, Sprachenlernen 253
1201	Buchstabieren 11
1202	Deutschkurs (Teilnehmer...) 8
1203	Wie heißt das auf deutsch, Wortschatzübungen z. B. Rätsel 46
1204	sprachliche Mißverständnisse 3
1205	Warum lernen Ausländer nicht richtig Deutsch? 4
1206	Spiele, originelle Übungen, die allein verwendet werden können. 166
1207	weitere Sprachkurse (nicht DaF) 1
1208	Dialekte 2
1209	Sprache ohne Worte (Piktogramme, Symbole) 5
1210	Arbeit mit Wörterbüchern o. ä. Hilfsmitteln 1
1211	Wortfelder 1
1212	Beschreibung von eigenem/fremdem Sprachstand und sprachl. Anforderungen 2
1213	Mehrsprachigkeit allgemein 3

Da wir generell in der metakommunikativen Komponente in Lehrmaterialien eine Möglichkeit sehen, die Künstlichkeit der Unterrichtssituation ein wenig aufzubrechen,[48] sollte man meinen, daß uns die große Zahl von Einträgen in diesem Oberbereich sehr erfreut haben sollte. Sieht man sich jedoch die Verteilung dieser 253 Einträge auf die einzelnen Unterbereiche an, so muß man feststellen, daß Optimismus fehl am Platze ist.

Die Unterbereiche, die ernsthaft metakommunikative Aktivitäten im Unterricht initiieren könnten, sind eindeutig in der Minderzahl – *sprachliche Mißverständnisse* 3, *Warum lernen Ausländer nicht richtig Deutsch* 4, *Arbeit mit Wörterbüchern oder ähnlichen Hilfsmitteln* 1, *Beschreibung des eigenen/fremden Sprachstandes und der sprachlichen Anforderungen* 2 – und auch das Thema *Mehrsprachigkeit* mit drei Eintragungen und das nun mehr als offensichtliche Thema *Deutschkurs* mit 8 Eintragungen zeigen nicht gerade eine besondere Begeisterung der Lehrmaterialmacher fürs Metakommunikative.

Dieser Oberbereich *Sprache/Sprachenlernen* ist nur deshalb so groß, weil er durch ein durch das Programm bedingtes Problem aufgeschwemmt worden ist. Während unserer

47 Vgl. STEINMÜLLER/SCHARNHORST (1985).
48 Vgl. RÖSLER (1986).

Analyse der Materialien mußten wir des öfteren Fälle diskutieren, die weder eindeutig einem Themenbereich, noch einem Grammatikbereich, noch einer Textsorte, noch einem intentionalen Bereich zuzuordnen waren, die nicht aufzunehmen aber sehr gegen die Grundidee des «Steinbruchs» verstoßen hätte, da sie als Einheiten, die allein stehen können, etwas sind, was man an verschiedenen Stellen im Unterricht gut einsetzen könnte. Es handelt sich um verschiedenartige Übungen oder Präsentationstexte, um Spiele, Rätsel, usw., die zwar manchmal grammatische, thematische und intentionale Bezüge haben, von denen wir aber der Meinung waren, daß sie ‹verschenkt› würden, tauchten sie nur unter der jeweiligen Bezugskategorie – bzw. bei denen ohne Bezüge –, tauchten sie überhaupt nicht auf.

Von der Logik her müßten sie eigentlich einen eigenen Großbereich bekommen, parallel zu Themen, Grammatik, Intentionen und Textsorten, den man ‹besondere Übungsformen› o. ä. nennen müßte. Dagegen spricht, daß es zu wenig von ihnen gibt und daß ein weiterer Abfragebereich zusätzlich zu den vier vorhandenen und den Bewertungen das Programm unnötig kompliziert hätte. So blieb die Frage, wo man diese Querschläger unterbringen sollte; abgesehen von der Grammatik waren unserer Meinung nach die drei anderen Bereiche Themen, Intentionen und Textsorten gleich (un)geeignet. Die Entscheidung für diesen Themenoberbereich führt nun dazu, daß die 166 Spiele, originelle Übungen usw. und die 46 Wortschatzübungen usw. wahrscheinlich bei einigen Benutzern Erwartungen an diesen Oberbereich wecken werden, die er nicht erfüllen kann. Wie heißt es so schön: Sachdienliche Hinweise zur Veränderung dieser Klassifikation nimmt jede «Steinbruch»-Dienststelle gern entgegen. Eine Belohnung kann leider nicht ausgesetzt werden.

Tabelle 17:
Erstladung des Steinbruchs im Oberbereich «Wertesystem – Weltanschauung»

13	Wertesystem – Weltanschauung	6
1301	Toleranz/Religion	2
1302	Mode im weitesten Sinne	2
1303	Idole	2

Eigentlich dürfte es diesen Oberbereich gar nicht geben, zumindest nicht nach dem, was wir gerade bei dem kaum vorhandenen Unterbereich *Naturwissenschaft* gesagt haben. Und *Toleranz/Religion, Mode im weitesten Sinne* und *Idole* unter dem Oberbereich *Wertsystem/Weltanschauung* zusammenzufassen, ist wohl auch mehr Ausdruck von schwarzem Humor als ernsthafter Klassifikationswillen. Dabei hatte es in unserem Analyseprozeß *Toleranz/Religion* sofort zum Oberbereich gebracht, als wir auf den Abdruck von Lessings Ringparabel stießen. Aber ein bißchen Religion reicht wohl nicht, um einen Oberbereich zu rechtfertigen, genau wie ein bißchen Aufklärung halt nicht reicht, um das komplexe Miteinander verschiedener Religionen in Schulen mit dem sogenannten hohen Ausländeranteil in den Griff zu bekommen.

Zu rechtfertigen ist die Beibehaltung dieses Oberbereichs bisher nicht unter dem Gesichtspunkt der Adaption von Material für den Unterricht – denn die meisten

Suchläufe mit der Themenkennziffer 13 werden im Augenblick das Ergebnis ‹nicht vorhanden› produzieren, sondern nur durch seine lehrmaterialanalytische Bedeutung. Er weist auf eine eklatante Lücke im vorhandenen Lehrmaterial, die es durch die Produktion von alternativen Materialien so schnell wie möglich zu stopfen gilt, so daß der Oberbereich nachträglich seine Existenzberechtigung erhält (und die Pseudo-Unterbereiche 1302 und 1303 in einen neuen Oberbereich *Lebensstil* o. ä. überführt werden, der auch dringend neuer Materialien bedarf).

Tabelle 18:
Erstladung des «Steinbruchs» im Oberbereich «Wohnen»

14	Wohnen 56
1401	Einrichtung (Haus, Wohnung oder Zimmer) 21
1402	Wohnungssuche (Gespräch, Anzeigen, Besichtigung...) 14
1403	Miete, Mieten, Mietrecht 5
1404	Wohngewohnheiten, Wohnstile, Wohnsituation 7
1405	Umzug 8
1406	Abriß 1

Tabelle 19:
Erstladung des «Steinbruchs» im Oberbereich «Arbeit»

15	Arbeit 74
1501	Beziehungen, Arbeitgeber – Arbeitnehmer 4
1502	Diskriminierung: Frauenlohn, Ausländer 3
1503	Betrieb (Ausstattung, Besichtigung), Arbeitsbedingungen 8
1504	Berufsbezeichnungen, Berufsbilder 13
1505	Arbeitsalltag 7
1506	Arbeitsrecht im weitesten Sinne (Arbeitsorganisation) 11
1507	Berufswunsch 5
1508	Bewerbungsgespräch/-unterlagen, Arbeitslosigkeit/-suche, Stellenanzeigen 11
1509	Werkzeug 11
1510	Lohn, Gehalt 1

Tabelle 20:
Erstladung des «Steinbruchs» im Oberbereich «Freizeit»

16	Freizeit 105
1601	vermischte Freizeitaktivitäten 17
1602	Picknick, Ausflug, aufs Land fahren 8
1603	Urlaub, Reise, Sehenswürdigkeiten 31
1604	Kino 4
1605	Zoo, Zirkus 8
1606	Schwimmbad 1
1607	Jugendclub etc. 3
1608	Freizeit-Lehrgänge (Kochkurs, Segelkurs...) 6
1609	Zeit «einfach so» miteinander verbringen 2
1610	Sport 10
1611	Arbeit während der Freizeit 4
1612	Freizeit mit Haustieren 6
1613	Interessengebiete, Hobby, Basteln 4
1614	Fernsehen 1

Tabelle 21:
Erstladung des «Steinbruchs» im Oberbereich «Wirtschaft – Geld – Einkaufen»

17	Wirtschaft – Geld – Einkaufen	76
1701	Wirtschaft und Gesellschaft	6
1702	Geld	7
1703	Einkaufssituation, Verhandeln	26
1704	Markt	2
1705	Geschäfte, Läden, Waren	14
1706	Familienbudget	3
1707	Verkaufen	2
1708	Qualität, Warentest, Verbraucherschutz, Reklamation	3
1709	Banken	3
1710	Werbung	7
1711	Messen	3

Verglichen mit Oberbereichen wie *Wertesystem – Weltanschauung* oder *Emigration,* bei denen «Steinbruch» am Anfang weniger auf adaptierbares Material als auf Lücken, die durch Neuschreiben geschlossen werden müssen, verweisen wird, werden die in den Oberbereichen 14 bis 17 versammelten Materialien zahlreich genug sein, um des öfteren mit einem Materialvorschlag aufwarten zu können, den man übernehmen oder adaptieren kann. Von daher ist es wahrscheinlich weniger dringlich, Material zu diesem Themenbereichen neu zu erstellen, es sei denn, man benötigt diese Themen in einem grammatischen Kontext oder mit einer Perspektive, die das bisher vorhandene Material noch nicht bieten kann.

Tabelle 22:
Erstladung des «Steinbruchs» im Oberbereich «Zeit»

18	Zeit	26
1801	Pünktlichkeit	1
1802	Wochentage und Monate, Feiertage	8
1803	Uhrzeit, Tageszeiten	17

Tabelle 23:
Erstladung des «Steinbruchs» im Oberbereich «Medien»

19	Medien	6
1901	Fernsehen	1
1902	Presse	2
1903	Radio	3

Tabelle 24:
Erstladung des «Steinbruchs» im Oberbereich «Schule»

20	Schule	23
2001	zweisprachige Klassen, Ausländerkinder in der deutschen Schule	1
2002	Schulalltag, Tagesablauf, Unterrichtsaktivitäten	18
2003	Einrichtung	3
2004	Kindergarten	1

Eigentlich ist es erstaunlich, daß von den 23 Einträgen, die wir zum Oberbereich Schule im «Steinbruch» haben, nur einer über das simple Vorzeigen von ausländischen Kindern, also potentiellen Stellvertretern der Schüler im Klassenzimmer, hinausgeht, und Informationen zur Zweisprachigkeit von Klassen zum Thema macht.

Tabelle 25:
Erstladung des «Steinbruchs» im Oberbereich «Sich verhalten zu: Institutionen, Bürokratie»

21	Sich verhalten zu: Institutionen, Bürokratie 28
2101	Ver- und Gebote 6
2102	Ausländerpolizei, Aufenthaltserlaubnis 8
2103	Kontrollen (Polizei, Bus) 9
2104	Bürokratie 5

Tabelle 26:
Erstladung des «Steinbruchs» im Oberbereich «Post und Verkehr»

22	Post und Verkehr 64
2201	Auskünfte (Abfahrzeiten, Preise...), Fahrpläne 11
2202	Verkehrsmittel, Verkehrszeiten, Verkehrsnetz 37
2203	Telefon..., Telegramm 12
2204	Briefträger, Briefe, auf dem Postamt 4

Tabelle 27:
Erstladung des «Steinbruchs» im Oberbereich «Auto – Technik»

23	Auto – Technik 35
2301	Autoreisen, Unfall 12
2302	Gebrauchsanweisungen aller Art 4
2303	Umgang mit Technik im Alltag 4
2304	Alkohol am Steuer 1
2305	Auto (Teile, Kauf, Reparatur) 14

Tabelle 28:
Erstladung des «Steinbruchs» im Oberbereich «Geographie, räumliche Orientierung»

24	Geographie, räumliche Orientierung 51
2401	geographischer Wortschatz 1
2402	Wegauskünfte, Weg und Standort beschreiben 17
2403	Europa, europäische Sprachen 10
2404	Deutsche Städte, Stadtpläne, Flüsse, Berge... 23

Tabelle 29:
Erstladung des «Steinbruchs» im Oberbereich «Natur»

25	Natur 8
2501	auf dem Land 2
2502	Nationalparks 1

2503 Wetter 3
2504 Naturkatastrophen 1
2505 Naturheilmittel 1

Tabelle 30:
Erstladung des «Steinbruchs» im Oberbereich «Dies und das»

26 Dies und das 41
2601 Grundrechenarten, Maßeinheiten, textliche Verarbeitung von Grundzahlen 10
2602 Kriminalität 10
2603 Tiere 2
2604 Lotto, Toto, Glücksspiele und die Folgen 2
2605 Farben 1
2606 Prominente aus dem Bereich Kultur 8
2607 Gebrauchsgegenstände 8

Hier bedarf es wohl keines großen Kommentars; die Bezeichnung *Dies und Das* für den letzten Oberbereich macht deutlich genug, daß dies eine provisorische Sammlung von ‹Restposten› ist, die im Laufe des Anwachsens des «Steinbruchs», und damit des zu zweckmäßigen Größen in logischere Kategorien zusammenlegbaren Materials, kleiner werden wird.

20.2 Großbereich Grammatik

Tabelle 31:
Erstladung des «Steinbruchs» im Oberbereich «Verben»

01 Verb 317
0101 Person und Numerus 3
0102 Tempus: «unmarkierte» Variante (Präsens, Aktiv, Indikativ) 34
0103 Präteritum 28
0104 Plusquamperfekt 2
0105 Perfekt 31
0106 Futur I 7
0107 Zeitenfolge, Pragmatisches zur Verwendung der Tempora 3
0108 Spezielles zu stark/schwach/unregelmäßig 6
0109 scheinen, brauchen, lassen 5
0110 Passiv 11
0111 Klassifikationen von Vollverben nach Aktionsart, Semantik etc. 9
0112 Konjunktiv 13
0113 würde - Formen 4
0114 Imperativ 24
0115 Infinitive 2
0116 Partizip I 2
0117 Partizip II 8
0118 «haben» und «sein» 21
0119 werden 5
0120 Modalverben 57
0121 Reflexive und reziproke Verben 11
0122 trennbare Verben 23
0123 Rektion 8

Bei keinem der analysierten Lehrwerke wird bei der Einführung der Formen des Präsens darauf hingewiesen, daß dies die Formen für Präsens Aktiv Indikativ sind. Da auch bei allen anderen Zeiten die normale Einführungsform immer die im Aktiv Indikativ ist, haben wir uns entschlossen, diese beiden als Bereiche nicht vorkommen zu lassen und nur ihre markierten Geschwister Passiv und Konjunktiv als Unterbereiche zu führen. Bei der Vermittlung von Passivformen taucht natürlich eine Wahrnehmung der bis dahin einfach als gegeben genommenen Aktivformen auf; die Aktivformen sind aber zu diesem Zeitpunkt keine Lernschwierigkeit mehr, es ist von daher nicht zu erwarten, daß Aktiv eine für den Lehrmaterialsucher relevante Kategorie ist. *Passiv* ist in den analysierten Materialien bisher immer *Vorgangspassiv*. Beim Auftauchen des sog. *Zustandspassivs* müßte dieses einen eigenen Unterbereich erhalten; *0110 Passiv* müßte entsprechend in *Vorgangspassiv* umbenannt werden.

Tabelle 32:
Erstladung des «Steinbruchs» im Oberbereich «Substantiv (und implizite Behandlung des bestimmten Artikels)»

02	Substantiv (und implizite Behandlung des bestimmten Artikels) 51
0201	Genus incl. Hinweise zur Genusbestimmung 11
0202	Numerus 9
0203	Genitiv 7
0204	Dativ 7
0205	Akkusativ 12
0206	Substantivierung 5

Hier und bei allen anderen Grammatikbereichen galt für uns bei der Analyse: eine Aufnahme im Bereich der Wortarten erfolgte nur, wenn es sich um Material handelte, bei dem tatsächlich ein Bezug zu Wortarten erkennbar war. Wenn es sich eindeutig schwerpunktmäßig um eine Einführung von Satzteilen handelt, findet sich kein Zweiteintrag in den Wortartbereichen. Prinzipiell gilt: in unklaren Fällen finden sich zwei Einträge, einer im Bereich der Wortarten und einer im Bereich der Satzteile. Die größere Zahl der Einträge findet sich im Bereich der Satzteile, da diese als Lerngegenstand im Unterricht anscheinend als wichtiger angesehen worden sind.

Tabelle 33:
Erstladung des «Steinbruchs» im Oberbereich «Artikel»

03	Artikel 35
0301	Einführung des unbestimmten Artikels 17
0302	Spezielle Behandlung des bestimmten Artikels 18

Tabelle 34:
Erstladung des «Steinbruchs» im Oberbereich «Adjektiv»

04	Adjektiv 66
0401	Deklination (alle Typen) 27
0402	Komparation 27
0403	Attributiver und prädikativer Gebrauch 12

Tabelle 35:
Erstladung des «Steinbruchs» im Oberbereich «Zahlen aller Art»

05	Zahlen aller Art 43
0501	Kardinalia 28
0502	Ordinalia 13
0503	Rest der Numeralia 2

Tabelle 36:
Erstladung des «Steinbruchs» im Oberbereich «Pronomen»

06	Pronomen 129
0601	Personalpronomen/Reflexivpronomen 39
0602	Fragepronomen 36
0603	Demonstrativpronomen 13
0604	Indefinitivpronomen 6
0605	Possessivpronomen 18
0606	Relativpronomen 6
0607	es 1
0608	Pronominaladverbien 6
0609	Spezielles zu «Du–Sie» 4

Possessivpronomen läuft als traditioneller Sammelname. Wir ersparen uns hier die Diskussion um die größere Genauigkeit und die Vor- und Nachteile der Termini *Possessivartikel* oder *-adjektiv*. In den meisten Lehrwerken werden die hier verdateten Phänomene ohnehin ohne Terminologie eingeführt.

Tabelle 37:
Erstladung des «Steinbruchs» im Oberbereich «Adverb»

07	Adverb 1
0701	Adverb 1

Hier trifft besonders stark zu, was wir weiter oben zum Verhältnis von Wortart und Satzteil gesagt haben. Der adverbiale Bereich taucht in den Lehrwerken fast ausschließlich als Satzteilbereich auf; die Wortart *Adverb* stellt einen Oberbereich dar, den zu streichen keine allzu großen Verluste mit sich bringen würde.

Tabelle 38:
Erstladung des «Steinbruchs» im Oberbereich «Präposition»

08	Präposition 51
0801	Präposition mit Akkusativ 10
0802	Präposition mit Dativ 18
0803	Präposition mit Genitiv 4
0804	als/wie und Präpositionskonstruktion ohne Kasus 1
0805	Wechselpräpositionen 14
0806	Präpositionen (Behandlung ohne eindeutigen Schwerpunkt) 4

Tabelle 39:
Erstladung des «Steinbruchs» im Oberbereich «Konjunktionen»

09	Konjunktionen	5
0901	Konjunktionen aller Art	5

Die fünf Einträge, die sich bisher bei den Konjunktionen angesammelt haben, beziehen sich alle auf koordinierende Konjunktionen. Subordinierende Konjunktionen findet man im Oberbereich 13. Dies ist keine prinzipielle Entscheidung; falls jemand Material findet bzw. produziert, das die subordinierenden Konjunktionen in den Mittelpunkt stellt und nicht die mit ihnen und mit dem durch sie eingeleiteten Nebensatz verbundenen Satzteile, dann wäre dies auch einen Eintrag im Oberbereich 9 wert.

Tabelle 40:
Erstladung des «Steinbruchs» im Oberbereich «Grad- und Abtönungspartikeln, Interjektionen»

10	Grad- und Abtönungspartikeln, Interjektionen	5
1001	Grad- und Abtönungspartikeln, Interjektionen	5

Gerade für eine Zielgruppe, die im deutschsprachigen Raum Deutsch lernt und für die das sprachliche Sich-Behaupten im Alltag unter nicht immer positiven Bedingungen zu den wichtigsten Lernzielen gehört, ist das Beherrschen dieser einzelnen Wörter, die zum Ausdruck der sozialen Beziehungen in besonderem Maße beitragen, wichtig. Die geringe Zahl von Einträgen ist deshalb möglichst schnell zu verändern.[49] An Zusatzmaterialien, die hier ‹ausgeschlachtet› werden können, sind vorhanden: HELBIG/KÖTZ (1981), KEMME (1979), KUMMER (1984) und WEYDT et al (1983).[50]

Tabelle 41:
Erstladung des «Steinbruchs» im Oberbereich «Negationen aller Art»

11	Negationen aller Art	26
1101	kein, niemand, nie...	14
1102	nicht	12

Tabelle 42:
Erstladung des «Steinbruchs» im Oberbereich «Wortbildung»

12	Wortbildung	12
1201	Zusammensetzungen	12

[49] Dieses Manko ist nicht nur auf Lehrmaterialien im Bereich Deutsch als Zweitsprache für Jugendliche beschränkt. Zur ‹Partikellage› in Deutsch als Fremdsprache Lehrwerken für Erwachsene vgl. RÖSLER (1983).

[50] Eine ausführliche vergleichende Rezension der drei letzten findet sich in KOURUKMAS (1987).

Tabelle 43:
Erstladung des «Steinbruchs» im Oberbereich «Satzteile»

13	Satzteile	161
1301	Prädikat	1
1302	Subjekt	1
1303	Akkusativobjekt/-ergänzung	7
1304	Dativobjekt/-ergänzung	5
1305	Erklärungen und Übungen zur Frage: Was kann alles ein Attribut sein?	2
1306	Präpositionalobjekt/-ergänzung	4
1307	Prädikativ	3
1308	Temporalangaben	17
1309	Lokalangaben, Direktiv- und Situativergänzungen	52
1310	Modalangaben	7
1311	Kausalangaben im weitesten Sinne	29
1312	Spezielles zu «daß»-Sätzen	11
1313	indirekte Fragesätze	10
1314	Relativsätze	10
1315	(erweiterte) Partizipialattribute	2

Zugegeben, am Anfang hatten wir uns diesen Oberbereich auch ‹sauberer› gegliedert vorgestellt. Daß es so etwas wie 1309 *Lokalangaben, Direktiv- und Situativergänzungen* geben sollte, war eigentlich nicht geplant. Wir wollten nach Angaben und Ergänzungen unterscheiden oder hätten eine Trennung in fakultative und obligatorische lokale adverbiale Bestimmungen vorgenommen. Bei dem jeweiligen Eintrag hätte dann jeweils gestanden, im Buch wird die und die Terminologie verwendet. Dort wo in Büchern Terminologie auftaucht, haben wir das auch getan. Aber ansonsten war die Unterteilung wohl zu sehr von der Grammatik her gedacht und nicht von den existierenden Lehrwerken ausgehend. Wenn lokale Angaben und Ergänzungen gemeinsam eingeführt und auch nicht weiter auseinandergehalten werden, dann hat es wenig Zweck, sie in unserer Datenbank zu trennen.

Und auch der Hinweis darauf, daß *daß-Sätze* doch eigentlich auch unter der Kategorie, die ihre Satzteilfunktion angibt, erscheinen können, ist zwar vom Grammatikstandpunkt aus berechtigt, spiegelt aber nicht die von uns erfaßte Lehrwerkwelt wider.

Kausalangaben im weitesten Sinne nimmt die unbefriedigende inhaltliche Interpretation adverbial gebrauchter Satzglieder aus DUDEN (1984, 586ff.) auf und faßt unter kausal im weitesten Sinne die Untergruppen *Grund im engeren Sinne, Bedingung, Folge, Folgerung, Zweck* usw. zusammen. Wir übernehmen diese Unterteilung aus rein praktischen Gründen – wir wollen nicht zu viele kleine kaum gefüllte Unterbereiche –, unterstellen aber, daß der «Steinbruch» im Laufe seines Anwachsens diesen Unterbereich zugunsten von mehreren genaueren aufgeben wird.

Tabelle 43:
Erstladung des «Steinbruchs» im Oberbereich «Satz»

14	Satz	115
1401	Verhältnis von Haupt- und Nebensatz	8
1402	Aufbau des Nebensatzes	3

1403 Hauptsatz 2
1404 Ja, nein, doch, bitte, danke 5
1405 Vergleichssätze 2
1406 Entscheidungsfrage 31
1407 Ergänzungsfrage 42
1408 Aufforderungssätze 5
1409 Aussagesatz 4
1410 Indirekte Rede 5
1411 Infinitiv-Sätze 8

Tabelle 44:
Erstladung des «Steinbruchs» im Oberbereich «Aussprache»

15 Aussprache 38
1501 Wortakzent 2
1502 Satzbetonung 25
1503 Laut 11

Tabelle 45:
Erstladung des «Steinbruchs» im Oberbereich «Orthographie»

16 Orthographie 28
1601 Buchstaben/Alphabet – Problematik 16
1602 Groß- und Kleinschreibung 4
1603 Interpunktion, Trennung 4
1604 Abkürzungen 2
1605 Wortgrenzen 2

Tabelle 46:
Erstladung des «Steinbruchs» im Oberbereich «Wortstellung (nicht Nebensatz)»

17 Wortstellung (nicht Nebensatz) 11
1701 Wortstellung (unspezifisch) 11

Eine systematische Auseinandersetzung mit und Einübung von Regularitäten, die die Stellung der Satzglieder im Deutschen bestimmen, findet man bisher in keinem der Lehrwerke. Begriffe wie Vorfeld, Mittelfeld oder Nachfeld fallen nicht; Versuche, Tendenzen im Mittelfeld anzugeben oder eine auf das Lernerniveau heruntergeschriebene Einführung in die Thema-Rhema-Problematik zu geben, finden sich nicht. Stattdessen findet man Hinweise zu einzelnen Stellungsproblemen.

Tabelle 48:
Erstladung des «Steinbruchs» im Oberbereich «Idiomatik, Metaphorik, Wortschatzarbeit»

18 Idiomatik, Metaphorik, Wortschatzarbeit 4
1801 Idiomatik, Metaphorik, Wortschatzarbeit 4

20.3 Großbereich Intentionen

Wir haben ja schon darauf hingewiesen, wie problematisch die Aufnahme einzelner Materialien in diesen Bereich ist. Die, die dann am Ende aufgenommen wurden, verteilen sich wie folgt auf Ober- und Unterbereiche:

Tabelle 49:
Erstladung des «Steinbruchs» im Oberbereich «Soziale Kontakte»

01	Soziale Kontakte 38
0101	einladen und darauf reagieren 7
0102	zu überreden versuchen 4
0103	sich verabreden 4
0104	anbieten und darauf reagieren (annehmen/ablehnen) 5
0105	sich verabschieden 2
0106	sich bedanken 1
0107	um Hilfe bitten 5
0108	Vorwürfe machen und darauf reagieren (Gegenvorwurf/Entschuldigung) 5
0109	sich nach dem Befinden erkundigen (nicht einfaches Begrüßen) 2
0110	sich herausreden 2
0111	schmeicheln 1

Bei 0109 haben wir in Klammern noch einmal darauf hingewiesen, daß mit *sich nach dem Befinden erkundigen* nicht ein einfaches Begrüßen mitgemeint ist. Generell ist bei all diesen Bereichen festzuhalten, daß man sie eher restriktiv auslegen sollte, d. h. nur solche Einträge aufnehmen sollte, die auch wirklich die betreffende Intention klar zum Vorschein kommen lassen, um nicht hinterher bei der Suche lauter Ergebnisse zu erhalten, die einen nicht befriedigen. Während wir bei der Erstladung in den anderen Großbereichen eher nach dem Prinzip ‹im Zweifelsfalle für die Aufnahme› entschieden haben, haben wir bei den Intentionen ziemlich radikal all die Einträge wieder herausbefördert, von denen wir annahmen, daß sie nicht klar genug als zu einem bestimmten Bereich gehörend erkannt werden würden.

Tabelle 50:
Erstladung des «Steinbruchs» im Oberbereich «Gesprächsablauf»

02	Gesprächsablauf 23
0201	Gesprächsablauf, Verständnis sichern 8
0202	Gespräch einleiten 4
0203	Gespräch verzögern/Zeit gewinnen 1
0204	den eigenen Standpunkt durchhalten 4
0205	sich dumm stellen 3
0206	einer Antwort ausweichen 1
0207	Rollenverteilung im Gespräch umdrehen 2

Tabelle 51:
Erstladung des «Steinbruchs» im Oberbereich «Informationsgewinnung/Mitteilung/Stellungnahme»

03	Informationsgewinnung/Mitteilung/Stellungnahme 123
0301	ausfragen/interviewen 11
0302	(hartnäckig) nachfragen und genau Auskunft geben (persönlich, gleichber.) 17
0303	Auskunft einholen (eher institutionalisiert) 14
0304	Standort/Weg erfragen/beschreiben 21
0305	begründen/erklären 9
0306	kommentieren/Meinung sagen (nur bei Vielfalt von Redemitteln) 10
0307	widersprechen, bezweifeln, zustimmen 10
0308	vergleichen 10
0309	berichten/schildern 20
0310	auf Gebote reagieren 1

Auch bei den ‹Allerweltsintentionen› *berichten/schildern* und *kommentieren/Meinung sagen* und *begründen/erklären* ist wieder darauf zu achten, daß nicht jedes Materialstück hier Eingang findet, nur weil in ihm etwas begründet, kommentiert oder berichtet wird, sondern daß eine interessante Ansammlung von Redemitteln vorliegen muß, die den Eintrag rechtfertigt.

0304 *Standort/Weg erfragen/beschreiben* ist ein Unterbereich, den wir mehrmals gestrichen und wieder aufgenommen haben. Das Problem hier: was macht man mit den vielen Präsentationstexten und Übungen, die Lokalergänzungen und -angaben einführen und dabei natürlich oft Standort- und Wegbeschreibungen liefern. Wir wollten diese Einheiten zwischenzeitlich einmal nicht mehr als eigene Intention aufnehmen, da uns zu viele von ihnen reine Grammatikübungsanlässe waren; andererseits haben wir hier eben ein Grammatikphänomen, das eng mit einer bestimmten Intention korreliert, warum soll sich das nicht auch im «Steinbruch» niederschlagen? Man wundere sich nur nicht, daß man bei der Suche nach Intention 0304 überdurchschnittlich häufig den Verweis auf Grammatik 1309 findet.

Tabelle 52:
Erstladung des «Steinbruchs» im Oberbereich «Gefühle/Stimmungen»

04	Gefühle/Stimmungen 20
0401	Freude/Trauer ausdrücken 2
0402	Gefallen/Mißfallen ausdrücken 9
0403	Zufriedenheit/Unzufriedenheit ausdrücken 3
0404	sich beklagen 2
0405	jdn. trösten/beruhigen 1
0406	Zuneigung/Abneigung ausdrücken 1
0407	Ärger/Wut/Ablehnung ausdrücken 2

Tabelle 53:
Erstladung des «Steinbruchs» im Oberbereich «Aufforderungen»

05	Aufforderungen 22
0501	auffordern 15
0502	etwas bestellen 7

Tabelle 54:
Erstladung des «Steinbruchs» im Oberbereich «Restgruppe»

06	Restgruppe 13
0601	aushandeln 5
0602	Aufmerksamkeit erregen/etwas anpreisen/ankündigen 8

Wie *Dies und Das* im Großbereich Themen, so ist auch hier *Restgruppe* eine Warteliste, die aufgelöst, mit einem neuen Titel für den Oberbereich versehen usw. werden sollte, sobald neu eingegebenes Material dazu Anlaß gibt.

20.4 Großbereich Textsorten

Tabelle 55:
Erstladung des «Steinbruchs» im Oberbereich «Literarisch im weitesten Sinne»

01	Literarisch im weitesten Sinne 62
0101	Kurze Prosa: Parabel, Fabel, Kurzgeschichte, Anekdote 21
0102	Lieder 12
0103	Gedicht 15
0104	Cartoons 8
0105	Fotoroman 1
0106	Theater, Dramatisches 1
0107	Märchen 1
0108	Witze 3

Tabelle 56:
Erstladung des «Steinbruchs» im Oberbereich «Öffentliche Texte»

02	Öffentliche Texte 34
0201	Geschäftsbriefe 5
0202	Formulare, Anträge, Ausweise 24
0203	Telegramm 3
0204	Lebenslauf 1
0205	Kurze Notizen, Kurzbrief, Hinweise 1

Tabelle 57:
Erstladung des «Steinbruchs» im Oberbereich «Realien»

03	Realien 61
0301	Zeitungsausrisse (redaktioneller Teil) 16
0302	Anzeigen 7
0303	Dokumentationen von Gebrauchsanweisungen, Telefonnummern etc. 4
0304	Rätsel im weitesten Sinne 28
0305	Kochrezepte, Speisekarten 4
0306	Statistiken, Diagramme 2

Tabelle 58:
Erstladung des «Steinbruchs» im Oberbereich «‹Private› Texte»

04	«Private» Texte	21
0401	Briefe, Karten privat	19
0402	Terminkalender	1
0403	Tagebuch	1

21. Die lehrmaterialanalytische Bedeutung des Steinbruchs

Die Kommentare zur Ladung des Steinbruchs im vorherigen Kapitel machen deutlich, wie durchlässig die Grenzen zwischen reiner Materialbeschreibung – die ja selbst schon wieder durch unsere subjektive Kategorienwahrnehmung gefiltert ist –, Lehrmaterialkritik und Eingriffen in die didaktische Diskussion ist. Wir haben z. B. festgestellt, daß im Material selbst Intentionen eher selten so aufzufinden sind, daß ein Materialstück klar zu einem bestimmten Intentionsbereich zugeordnet werden kann. Damit sagen wir nichts gegen das Material, sondern etwas gegen eine bestimmte didaktische Konzeption, die richtigerweise festgestellt hatte, daß Sprechakte und kommunikative Bedürfnisse in Lehrwerken oft viel zu kurz kamen, obwohl sie zentral für die Kommunikation sind, und die problematischerweise daraus den Schluß gezogen hat, es müsse so etwas wie eine kommunikative Progression in Lehrwerken geben.[51] Ein Text aber, der erkennbar um eine bestimmte Intention herum geschrieben ist, klingt wenig authentisch und ebenso holprig wie einer, der um ein bestimmtes Grammatikphänomen herum geschrieben ist. In jedem authentischen Text werden verschiedene Intentionen realisiert, ihr Zusammenspiel trägt zum Komplexen und Kreativen von Sprache bei.

Wenn wir also sagen, daß die Lehrmaterialien bestimmte Intentionen nicht klar behandeln, obwohl z. T. im Inhaltsverzeichnis einer Lektion zwei oder drei Intentionen dieser Lektion zugeordnet werden, dann sind wir eigentlich ganz froh, daß die Lehrwerke ihre Texte nicht zusätzlich dadurch verstümmeln, daß sie sie auf den sprachlichen Ausdruck einiger weniger Intentionen reduzieren; man kann jedoch kritisieren, daß sie ansonsten selten etwas machen, was der Bewußtmachung, Einübung usw. der Versprachlichung dieser Intention in verschiedenen Registern dient, parallel etwa zu einem Übungsblock zur Vermittlung eines Grammatikphänomens.

Unsere Kommentare zum geringen Vorhandensein von Themenbereichen wie *Religion* oder *Naturwissenschaft* oder von grammatischen Lernproblemen wie *Abtönungspartikeln* sind natürlich auch lehrmaterialkritische gewesen. Der Steinbruch ist, auch wenn in diesem Buch und in seiner Entstehungsgeschichte seine Funktion als Ausgangsbasis für Adaptionen im Vordergrund steht, immer gleichzeitig auch eine

[51] Dies kann hier nur als Behauptung in den Raum gestellt werden. Eine ausführliche Auseinandersetzung mit dem Problem kommunikative und situative Progression findet sich in RÖSLER (1983a).

lehrmaterialanalytische Unternehmung. Um die Daten zu erhalten, wurde Lehrmaterialanalyse betrieben und um ihn weiterentwickeln zu können, müssen sich die Benutzergruppen vor Ort mit den Vorgehensweisen der Lehrmaterialanalyse vertraut machen. Wie aber paßt der Steinbruch in die existierende akademische Lehrmaterialanalyse-Landschaft?

Die erste nennenswerte lehrmaterialanalytische Beschäftigung mit DaF-Materialien, die allerdings gleich große Aufregung verursachte, war das Mannheimer Gutachten zu ausgewählten DaF-Lehrwerken (MANNHEIM I+II, (1978 u. 79)). Als 1975 KRUMM/STICKEL/WIERLACHER (1975) die Kriterien für die Beurteilung von Lehrmaterialien veröffentlichten, erhielten sie kaum Reaktionen; als sie 1978 und 1979 ihre Gutachten auf den Markt brachten, dagegen um so mehr. Der Grund: Im Gegensatz zur etablierten Lehrwerkkritik Englisch/Französisch, die sich zehn Jahre zuvor in der Diskussion um die Zeitschrift ‹Praxis des neusprachlichen Unterrichts› gebildet hatte und die auf objektivierbarer Beschreibung besteht,[52] nehmen die Mannheimer Gutachter auch Wertungen vor, und das nicht immer mit schmeichelhaften Ergebnissen. Resultat: eine erregte Auseinandersetzung, die u.a. in einem Sonderheft der Zeitschrift ‹Zielsprache Deutsch›[53] dokumentiert wurde. Der wohl schwächste Punkt der Gutachten: sie, die immer auf den fehlenden Zielgruppenbezug der analysierten Lehrwerke hinweisen, haben selbst keinen ausreichend engen Zielgruppenbezug.

Eine beschränktere Reichweite erlaubt ein konkreteres Vorgehen, das sieht man deutlich am nächsten Staub aufwirbelnden Gutachten, dem von BARKOWSKI et al (1980).[54] Dort ist die Zielgruppe eingeschränkt, nämlich auf ‹Ausländische Arbeiter in der BRD›, und, wichtiger noch, erlaubt dort eine klare inhaltliche Stellungnahme zur Funktion des Deutschunterrichts für ausländische Arbeiter und zur Stellung des Lehrmaterials darin eine sichere Basis, von der aus man argumentieren kann. Zielgruppe und politische Zielsetzung sind vorgeklärt.

Diese beiden Unternehmungen im Bereich Lehrmaterialanalyse Deutsch als Fremdsprache sind sehr unterschiedlich an die Aufstellung von Kriterien herangegangen. Beim Mannheimer Gutachten umfaßt die Kriterienliste im ersten Band etwas über acht Seiten, im zweiten Band sind es bei einer überarbeiteten Liste immer noch vier Seiten.[55] Das Gutachten Deutsch für ausländische Arbeiter (BARKOWSKI et al. (1980)) beschränkt sich hingegen auf sieben Fragestellungen. Für den für diesen Steinbruch relevanten Bereich Deutsch als Zweitsprache für ausländische Jugendliche ist das Gutachten Deutsch für ausländische Arbeiter die wichtigere Ausgangsbasis immer dann, wenn es um Bewertungen der Angemessenheit des Materials für unsere Zielgruppe geht; sucht man dagegen eine Basis, von der aus man sich an die Vielfalt der inneren Organisation von Lehrmaterial heranarbeiten will, so ist man wahrscheinlich beim Mannheimer Gutachten besser aufgehoben.

[52] Zur Auseinandersetzung mit dieser Spielart der Lehrmaterialanalyse vgl. RÖSLER (1984, 88–92).
[53] *Zielsprache Deutsch,* Heft 2, 1978.
[54] In einer erweiterten und aktualisierten Fassung (hrsg. von Hans-Jürgen Krumm) 1986 neu erschienen.
[55] Vgl. MANNHEIM I (1978, 11–19) und MANNHEIM II (1979, 36–40).

Sich mit Lehrmaterialanalysekriterien auseinanderzusetzen ist, auch wenn man mit der akademischen Disziplin nichts zu tun haben will, immer dann sinnvoll, wenn man Material analysieren und in den Steinbruch eingeben will. Die Kriterienliste des Mannheimer Gutachtens ist zu lang – und außerdem ohne Schwierigkeiten erhältlich – als daß wir sie hier vollständig wiedergeben könnten. Im zweiten Band gliedert sich der Kriterienkatalog in die folgenden sechzehn Bereiche, die jeweils wieder diverse Unterpunkte haben:

- Lernziele und Methoden
- Struktur des Lehrwerks
- Unterrichtsorganisation
- Sprachdidaktische Konzeption
- Übungen
- Motivierung/Aktivierung der Lernenden
- Deutsch: Abgrenzung, Texte
- Grammatik
- Phonik und Graphemik
- Lexik
- Morphologie und Syntax
- Kommunikative Kategorien/Sprechakte
- Kontrastivität
- Thematische Zielangabe
- Kommunikation, Gesellschaft, Situationen
- Interkulturelle Kommunikation, Kulturrelativierung, Deutschlandbild

Im Gutachten *Deutsch für ausländische Arbeiter* fragt das erste und wohl wichtigste Kriterium danach, wie der Kultur- und Identitätskonflikt der Lernenden dargestellt und verarbeitet wird. Nach dem zweiten Kriterium soll untersucht werden, inwieweit die sprachlichen Handlungen und die gegebenen Informationen der Alltagswirklichkeit der Lernenden entsprechen, nach dem dritten, inwieweit sich das ausgewählte Material an den kommunikativen Bedürfnissen der Lernenden orientiert. Kriterium 4 befaßt sich mit der Berücksichtigung und Verarbeitung der konkreten Sprachlernbedingungen der ausländischen Arbeiter; hier steht die mit wachsender Verweildauer immer wichtigere Frage im Raum, wie denn die Materialien den ungesteuerten Spracherwerb aufnehmen und verarbeiten. Die Kriterien 5, 6 und 7 schließlich beschäftigen sich mit Fragen der Methodik, der ästhetischen Qualität und der praktischen Verwendbarkeit.

FRITSCHE (1981) beansprucht, diese Kriterien für die Analyse von Material für Gastarbeiterkinder adaptiert zu haben. Das Kriterium 3 heißt dort «Berücksichtigung des außerschulischen Lernens» (ibd., 77), die Kriterien 4 und 5 sind wohl zu einem Kriterium zusammengelegt worden. Zwar sind in den Fragen die ausländischen Arbeiter ausgewechselt worden zugunsten von ausländischen Kindern, insgesamt jedoch folgt der Autor weitgehend den Fragen des Gutachtens für ausländische Arbeiter, zu dessen Mitverfassern er gehört. Dieser Satz beinhaltet keine Kritik an der Qualität der dort aufgeworfenen Fragen; er möchte lediglich darauf hinweisen, daß durch diese Adaption man als Benutzergruppe nicht der Aufgabe enthoben ist, sich die Analysekriterien herauszuarbeiten, die die Analyse des Materials möglichst genau auf die eigene Situation zuschneiden.

Wir meinen nun, daß der Steinbruch in seiner Detailliertheit der Lehrmaterialanalyse einen neuen Zugang eröffnet. Bisher wurden einzelne Lehrwerke mehr oder weniger genau beschrieben, dabei ging man jedoch meist von einem Lehrwerk als Ganzem aus. Mit dem Steinbruch sind wir nun einfacher in der Lage zu fragen, wie bestimmte Themen oder Grammatikphänomene in den Lehrwerken für eine Zielgruppe insgesamt behandelt werden. Wir können feststellen, daß die Gretchenfrage ‹Lehrwerke, wie haltet ihr's mit der Religion› von diesen bisher mit ‹fast gar nicht› beantwortet worden ist. Wir können feststellen, wie ein Grammatikphänomen bisher vermittelt worden ist und wie nicht.

Wenn man z. B. die im Rahmen des Forschungsprojektschwerpunkts *Entwicklung von Konzepten und Materialien für die Förderung ausländischer Jugendlicher im schulischen und außerschulischen Bereich* entstandenen Ergebnisse des Tagesablaufprojektes (vgl. ESSINGER/HOFF (1985)) auswertet und sieht, welche Stationen und Konfliktfelder in den Tagesabläufen der ausländischen Jugendlichen häufig vorkommen, kann man sie mit der Häufigkeitsliste der Themen in den Lehrwerken vergleichen. Dieser Vergleich, der zur Zeit ein starkes Defizit an Themen des interkulturellen Kontakts bei den Lehrwerken zeigt, sollte dazu führen, daß neue Lehrmaterialien verstärkt die bisher vernachlässigten Aspekte aufgreifen. Wenn wir die Ergebnisse der Beobachtung fachsprachlichen Unterrichtsverhaltens (vgl. STEINMÜLLER/SCHARNHORST (1985)) mit der Verarbeitung von Fachsprache in Lehrwerken, die kaum über die Präsentation von Wortschatz und kleinen Lesetexten hinausgeht, vergleichen, werden wir ebenfalls von Defiziten auf der Lehrmaterialseite ausgehen müssen. Entsprechend lassen sich ideologische Einseitigkeiten, problematische Sprachanlässe oder das Fehlen der Versprachlichung bestimmter Intentionen usw. auf der Basis genauer Materialkenntnisse dokumentieren und kritisieren.

Fassen wir zusammen: Wir glauben, daß wir im Bereich der Lehrmaterialproduktion und -kritik fünferlei mit dem Steinbruch erreichen können:

a) Für neu zu konzipierende konventionelle Lehrwerke kann man aus dem Steinbruch entnehmen, welche Lücken im Materialangebot klaffen, die zu füllen erfolgversprechend sein könnte.
b) Lehrmaterialanalytiker, die neue einzelne Lehrwerke begutachten, können sich mit Hilfe des Steinbruchs schnell vergewissern, wie ein bestimmtes Phänomen in allen anderen Lehrwerken behandelt worden ist und können von daher fundiert Auskunft darüber geben, ob die Vermittlung im neuen Lehrwerk einen Fort- oder Rückschritt darstellt.
c) Dies gilt natürlich auch für Lehrmaterialmacher, die sich schnell einen Überblick darüber verschaffen wollen, wie die anderen ein bestimmtes Problem gelöst haben.
d) Durch die umfassende Dokumentation durch den Steinbruch sollte es einfacher werden, häufiger und umfangreicher Lehrmaterialanalyse zu betreiben, die quer zur Beschäftigung mit einzelnen Lehrwerken verläuft. Der Steinbruch erspart es

allen, die z. B. über die Bewältigung der Vergangenheit in Deutsch als Zweitsprache Lehrwerken (thematisch oder grammatisch) schreiben, zwar nicht, die jeweiligen Materialteile selbst durchzuarbeiten, denn so ausführlich ist unsere Beschreibung nun auch wieder nicht, daß sie die Analyse ersetzte; ein ständig aktualisierter Steinbruch erspart jedoch allein schon durch seine bibliographischen Angaben eine Menge Suchzeit und verhilft zu mehr Vollständigkeit.

e) Wir hoffen, daß die Breite des im Steinbruch dokumentierten Materials bei derartigen ‹quer gelagerten› Analysen in Zukunft die Alternative ‹impressionistisch vs. objektiv› überall dort zurücktreten läßt, wo an ihr nicht aus Profilierungs- oder ideologischen Gründen festgehalten wird, da durch die Breite eine Beschreibung des aktuellen Stands des Lehrmaterialmarktes ermöglicht wird, die die Basis für fundierte Bewertungen abgibt.

22. Die Integration des Steinbruchs in die Aus- und Fortbildung von Lehrern im Bereich Deutsch als Zweitsprache

Die Bestandsaufnahme an Material durch den Steinbruch könnte die Macher der nächsten Generation von Lehrmaterial dazu veranlassen, anderes Material zu produzieren; sie könnte aber auch die Lehrenden ermutigen, die Bindung an einzelne feste Lehrwerke aufzugeben, ohne in einzelkämpferische Alternativen zu verfallen; sie könnte dazu führen, daß in regionalen Zentren oder kleineren lokalen Gruppen der Steinbruch ergänzt wird durch verantwortlich gemachte Materialien, die das Defizit beseitigen und zur Situation vor Ort passen, und dazu, daß die Materialien, die in verschiedenen Lehrwerken schon vorhanden sind, anders als sonst genutzt werden, sei es ‹gegen den Strich›, sei es anderweitig adaptiert.

Aus den vorhandenen Materialien wird das am wenigsten unpassende bzw. am besten passende Angebot für die jeweiligen Unterrichtserfordernisse herausgesucht und in wie veränderter Form auch immer in die Lerngruppe gebracht. Eine derartige Auswahl wird in vernachlässigten Bereichen anfangs wenig ergiebig sein; mit der Zeit aber wird ein dezentraler Steinbruch durch neu erstellte Materialien zu diesen Bereichen aus dem Benutzerkreis des Steinbruchs ergänzt werden; dadurch wird die sonst meist unkoordiniert erfolgende ‹einzelkämpferische› Neuerstellung von Materialien langfristig reduziert werden.

So einfach, wie diese Skizze einer gemeinsamen Arbeit an einem Steinbruch klingt, ist es wohl nicht. Der Einzelkämper hat schließlich Tradition. Ein Umgang mit Lehrmaterial, der dieses weder lediglich abarbeitet noch in permanenter Opposition zu ihm dauernd neues produziert, ein Umgang, der souverän das Beste aus dem Vorliegenden macht, ohne sich von diesem einschränken zu lassen, bedarf einer ausführlichen Vorbereitung in der Aus- und Fortbildung.

Generell gesprochen heißt das: neben eine allgemeine Sensibilisierung der Lehrenden für sich selbst, die Lernenden und die Interaktionen von Lehrenden und Lernenden muß eine Hinführung zur Bereitschaft und zur Fähigkeit der Materialadaption treten. Diese umfaßt eine Kenntnis der handwerklich möglichen Adaptionsarten, einen Überblick über das vorhandene konventionelle Material und dessen Zielgruppenbezug sowie über den Nutzen, der aus lehrmaterialanalytischer Forschung gezogen werden kann, und eine Kenntnis radikalerer Alternativen zum Umgang mit konventionellem Material, deren Übertragbarkeit auf die Situation vor Ort ausgelotet werden muß, bevor auf die Adaption konventioneller Materialteile aus dem Steinbruch zurückgegriffen wird. In *Abbildung 34* wird versucht, die Vielfalt der in ein derartiges Lehrerbildungskonzept eingehenden Faktoren schematisch darzustellen.

Schöne Forderungen, ist man versucht abzuwehren. Aber geht es nicht eine Nummer kleiner? Wie kann man als Benutzergruppe, wenn man den Steinbruch nun mal hat, ihn so gut wie möglich verwenden?

22.1 Ein Steinbruch-Wochenende

Oder auch Montag und Dienstag. Oder nur ein Tag. Für welchen Zeitraum auch immer – es lohnt sich, sich als Benutzergruppe relativ bald zusammenzusetzen und festzulegen, wie man mit dem Steinbruch umgehen will. Dabei wird man sich zuerst auf seinen Ausgabe-Bereich konzentrieren und all das durchspielen, was wir in den Kapiteln 13 und 20 beschrieben haben. Dem folgen sollten lehrmaterialanalytische Tätigkeiten verschiedenster Art:

1. Als Einstieg empfiehlt es sich vielleicht, ein Lehrwerk-Puzzle durchzuführen. Einige Lektionen werden in kleinste Einheiten zerschnitten (Überschriften/ Übungsanweisungen als Einzelteile betrachten), alle Hinweise auf die Reihenfolge (Übungsnummern usw.) werden weggelassen. In verschiedenen Gruppen wird versucht, die Lektionen zu rekonstruieren bzw. alternative Fassungen zu erstellen. Dieses Verfahren und verschiedene Varianten dazu werden in LOHFERT (1982) beschrieben.
2. Man kann eine Kontroll-Analyse machen, d. h., man kann einige Lektionen aus einem Lehrwerk, das man gut kennt und das schon im Steinbruch vorhanden ist, selbst analysieren und die Ergebnisse dieser Analyse mit dem Inhalt des Steinbruchs vergleichen. So gewinnt man eine Einschätzung davon, wie weitgehend man mit der Erstladung des Steinbruchs (nicht) übereinstimmt, wie weit man ihm also trauen kann. Die ermittelten Nichtübereinstimmungen sollte man, damit es sich nicht nur um eine nachvollziehende Übung handelt, als Korrektur (vgl. Kapitel 17) in den Steinbruch eingeben.
3. Man kann die im Steinbruch vorhandenen Materialien entweder werkweise oder nach vorher festgelegten thematischen, grammatischen oder intentionalen Schwerpunkten einer bewertenden Analyse unterziehen und anschließend rein textliche Bewertungen eingeben und/oder abfragbare Bewertungen festlegen und eingeben.

Abbildung 34:
Darstellung der Bereiche, die in das Lehrerbildungskonzept eingehen müßten, aus RÖSLER (1984, 11)

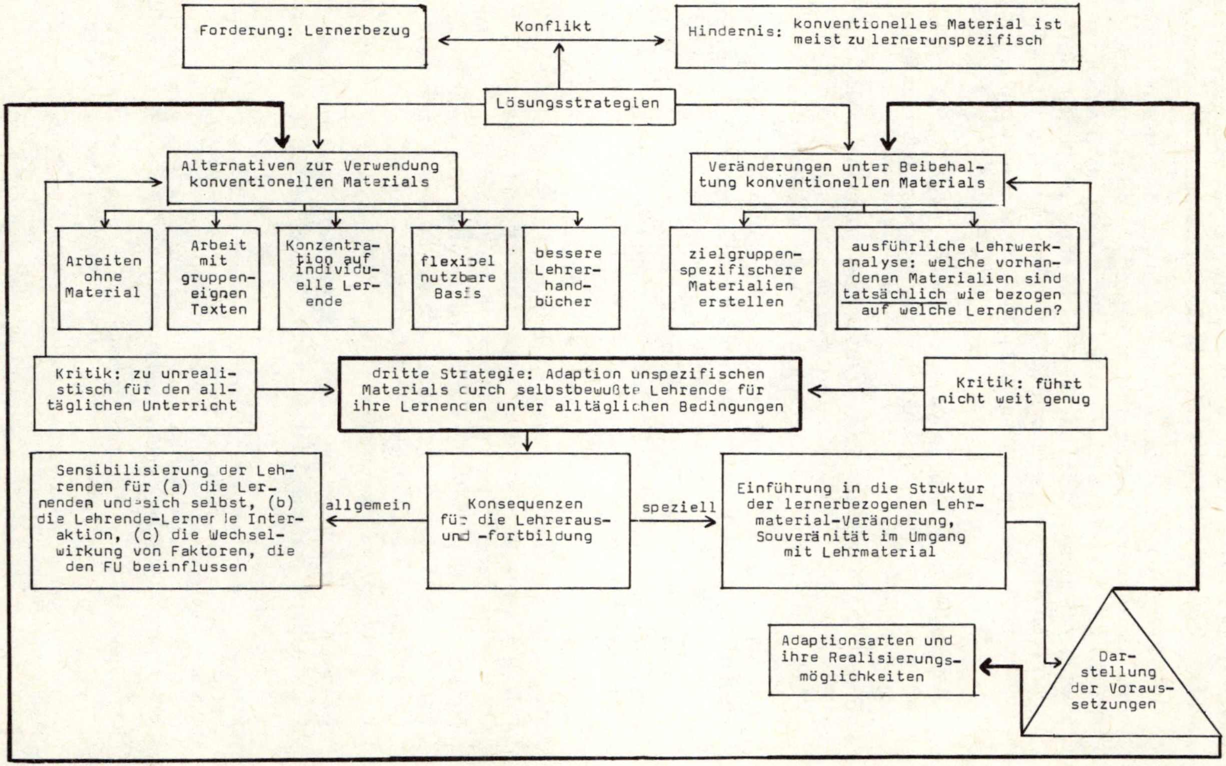

4. Man kann vorhandene eigene Materialien[56] oder sogenannte Zusatzmaterialien oder auf dem Markt neu erscheinende Lehrwerke in Einzelteile zerlegen, bewerten und die Ergebnisse dieser Analyse in den Steinbruch eingeben.

   Bei all diesen Varianten, besonders aber bei 3. und 4., ist es mehr als empfehlenswert, sich vorher ein bißchen mit dem theoretischen Hintergrund der Lehrmaterialanalyse im allgemeinen und speziell mit möglichen Kriterien für die Analyse auseinanderzusetzen. Die endgültige Festlegung der Kriterien, die für die Situation vor Ort von Bedeutung sind, muß jedoch der jeweiligen Benutzergruppe überlassen bleiben. Bevor man sich an die Analyse macht, ist es notwendig, Fragen zu stellen wie:

   - Welche Themen, Intentionen usw. passen bei unserer Gruppe besonders gut zu unseren Lernzielen, Sprachlernbiographien, zum außerschulischen Alltag unserer Schüler...?
   - Welche Sichtweise der Welt ist für unsere Gruppe besonders angemessen?
   - Was für Unterrichtsaktivitäten passen besonders gut zu uns?
   - Welche Grammatikaspekte wollen wir wann wie vermitteln? usw. usw.

   Auch wenn letzten Endes die jeweilige Situation vor Ort bestimmend dafür ist, welche Fragen gestellt werden und welche ausschlaggebend für die Bewertung sind, so ist es zumindest von der Arbeitsökonomie her sinnvoll, sich zuerst einmal anzusehen, was andere an Fragen und Kriterien zusammengetragen haben, d. h. z. B., daß man die in Kapitel 21 kurz diskutierten Kriterien etwas ausführlicher betrachtet.[57]

5. Wenn man selbst – und vor allen Dingen wohl – wenn die Lernenden das Gefühl haben, daß es besser ist, wenn man mit *einem* Lehrwerk arbeitet, oder zumindest mit etwas, was zwischen zwei Deckeln steckt, und wenn man einen gewissen Widerwillen gegen Sammlungen von fliegenden Blättern hat, dann kann der Steinbruch hilfreich sein bei der Erstellung eines *Kursbuchs*.[58] Die anfängliche Euphorie des ‹Vergiß die vorhandenen Lehrwerke – wir basteln selbst eines› wird normalerweise aufgehoben durch die schiere Menge an Arbeit, die dieses macht. Hier nun kann der Steinbruch eine Hilfe sein.

   Nachdem man sehr genau strukturiert hat und daher weiß, welche Themen, Grammatikphänomene, Übungsformen, Redeabsichten, Textsorten, Situationen

[56] Zur Zeit werden diese Materialien hauptsächlich aus Video- und Tonbändern, Folien und natürlich aus Papier bestehen. Im Laufe der Zeit, so können wir uns vorstellen, wird ein Teil der neu erstellten Materialien mit Textverarbeitungsprogrammen, Autorensystemen usw. erstellt werden. Dann wird es wichtig werden, den Steinbruch mit den erstellten Materialien so zu verbinden, daß anstelle der beschreibenden Einträge oder sofort nach ihnen gleich das entsprechende Material auf dem Bildschirm erscheint.

[57] Man muß diese ja dann nicht einfach übernehmen; aber so ein Fragenkatalog stellt immerhin etwas dar, von dem ausgehend man seine eigenen Fragen entwickeln und gewichten kann. Auch lehrmaterialanalytische Texte können schließlich adaptiert werden.

[58] Das gilt natürlich nicht, wenn man hauptsächlich sowieso mit einem festen Lehrwerk arbeitet und den Steinbruch als ‹Ersatzteillager› verwendet; es gilt aber für alle Fälle, in denen der Wunsch nach einem festen Materialband mit großer Unzufriedenheit über die vorhandenen konventionellen Lehrmaterialien einhergeht.

usw. in welcher Reihenfolge und wie kombiniert für die jeweilige Lernergruppe am besten geeignet sind und daher in dem Kursbuch auftauchen sollten, kann man, bevor man daran geht, jeweils eigene Lektionen zu entwerfen, im Steinbruch abfragen, was an Materialien dort zu den gewünschten Kombinationen vorhanden ist. So erhält man ein sehr grobes Materialskelett, das an manchen Stellen einfach Lücken, an anderen jedoch manchmal sogar alternative Materialvorschläge bereithalten wird.

Man sollte sich keinen Illusionen hingeben: Dieses Skelett ist natürlich *nicht* das Kursbuch. Es stellt lediglich eine, allerdings nicht unbeträchtliche, Hilfestellung dar. Dieses Materiallager muß jetzt geformt werden – zumindest ansatzweise muß man die Wortschatzprogression in den Griff bekommen, die Textsorten- und Übungsvielfalt muß gewährleistet werden, die Materialien müssen auf ‹versteckte› Grammatikpräsentationen, die die Macher der konventionellen Lehrwerke ihren Texte einfach ‹untergejubelt› hatten, überprüft werden, Texte müssen um- und ggf. neu geschrieben werden und und und.

Trotzdem, wenn man am Anfang sorgfältig gegliedert und danach den Steinbruch entsprechend ausgewertet hat, dann hat man eine gut sortierte Basis, die man *bearbeiten* kann – und das ist weitaus einfacher als das völlige Neuschöpfen von Texten. Das Ergebnis wird dann nicht so fein durchkonstruiert sein, das in keiner Übung nicht zuvor präsentierter Wortschatz und nirgends nicht zuvor verständlich eingeführte Grammatikphänomene auftauchen sollten,[59] aber angesichts der speziellen Zielgruppe *Jugendliche/Deutsch als Zweitsprache,* die aufgrund ihres ungesteuerten Spracherwerbs immer in individuell verschiedene Sprachstände aufzugliedern ist, tritt dieses Manko zurück hinter den Vorteil, ein im Hinblick auf Themen, Grammatik, Redeabsichten, Übungsformen, Situationen und authentische Texte auf die konkrete Lernergruppe zugeschnittenes Kompendium erstellt zu haben.

Auch wenn dies eine realistischere Zielsetzung ist als die, gleich ein ganz neues Werk zu verfassen, ist festzuhalten: man muß schon eine ganze Menge Zeit veranschlagen (weitaus mehr als ein Steinbruch-Wochenende), um so ein Kursbuch zusammenzustellen. Man sollte nicht zu schnell mit der Suche im Steinbruch beginnen; der erste Schritt, das genaue Gliedern, ist von nicht zu unterschätzender Wichtigkeit.[60] Die Erstellung so eines Kompendiums hat zwar ansonsten nichts mit der Zubereitung von Fischen zu tun, aber auch hier läßt sich eine 3-S-Regel angeben: *Strukturieren – Steinbruch-Suche – Schreiben.*

59 Was aber auch nicht bei allen Lehrwerken der Fall ist.
60 Auch wenn im Laufe der dann folgenden ‹Materialschlacht› natürlich wieder einige der Gliederungspunkte verworfen werden.

23. Technisches zum Steinbruch

Dieses Kapitel können und sollten Sie ÜBERSPRINGEN, wenn es Ihnen egal ist, wie «Steinbruch» aufgebaut ist, solange er nur funktioniert. Die hier beschriebene Einrichtung von Unterkatalogen wird von einem Programm auf den Disketten, die Sie geliefert bekommen, automatisch durchgeführt.

Steinbruch als Computerprogramm wurde in der Programmiersprache Pascal geschrieben und mit Hilfe des Compilers «Turbo Pascal» an das Betriebssystem MS-DOS angepaßt. Es ist also auf allen zum Industrie-Standard kompatiblen Rechnern lauffähig.

Die Speicherkapazität des Programms ist praktisch nur durch die Speicherkapazität der angeschlossenen Massenspeicher eines Computers begrenzt. Um die Benutzung auf allen gängigen Rechnern der Familie zu ermöglichen, sind verschiedene Versionen des Programms vorgesehen (siehe Kapitel 24).

Steinbruch besteht aus drei Hauptblöcken: Eingabe, Ausgabe und Hilfsprogramme. Da sie nie zusammen benutzt werden, sind die drei Blöcke programmtechnisch voneinander getrennt, so daß sie denselben Speicherplatz benutzen (sog. Overlay-Technik). Deshalb besteht das Programm auch aus zwei physikalisch verschiedenen Dateien: SB.COM und SB.000. Die Verwaltung der Daten geschieht mit Hilfe sog. Indexdateien, die kodierte Informationen über Vernetzung, Namen der Ober- und Unterbereiche, Lehrwerk usw. enthalten.

In dem Eingabeteil werden sie als Felder (Arrays), im Ausgabeteil als dynamische Felder (sog. Pointertechnik) behandelt. Die bei der Ausgabe angewandte Pointertechnik ermöglicht eine schnellere Verwaltung (Auszählen, Sortieren) von größeren Datenbeständen. Die jeweils einzeln für die Bereiche Themen, Grammatik, Intentionen oder Textsorten aufgebauten Indexdateien ermöglichen es, daß der Speicherplatz der Disketten nicht zusätzlich belastet wird: die Namen der Bereiche und der Lehrwerke und deren Autoren müssen nicht als Text der einzelnen Einträge gespeichert werden; sie werden nur beim Erstvorkommen abgespeichert und bei Bedarf gelesen.

Der Speicherplatz der Disketten wird auch auf eine andere Weise ökonomisch gehandhabt: die Texte der einzelnen Einträge werden vor dem Speichern auf ihre Größe überprüft und in zwei jeweils verschieden strukturierten Dateiarten auf einen Massenspeicher geschrieben. Steinbruch-Daten werden auf zwei Laufwerken in verschiedenen Unterkatalogen (subdirectorys) gespeichert. Die Verteilung der Unterkataloge auf Disketten ist je nach Version verschieden. Die Kennzeichnung der einzelnen Disketten geschieht auf eine einfache Weise: sie sind durch die Unterkataloge Disk1, Disk2 usw. identifizierbar.

Folgende Unterkataloge müssen auf den jeweiligen Massenspeichern eingerichtet werden: T, G, I, X für die Speicherung von Namen der Ober- und Unterbereiche; TTEXTE, GTEXTE, ITEXTE, XTEXTE für die Speicherung des Texts der jeweiligen Einträge. Diese Unterkataloge sind bei Diskettenversion des Steinbruchs von der Wurzel der jeweiligen Diskette, bei der Festplattenversion von dem Unterkatalog des Programms, abgeleitet.[61] Die Indexdateien (mit Suffix ∗.IND), die Datei mit Namen der Lehrwerke bzw. Materialsammlungen (BUCHTIT.), die Dateien mit den Informationen über Grammatikprogression (mit den Suffix ∗.PGR) sowie die Bewertungskategorien-Datei (mit dem Namen BEWERT.DAT) werden an der Wurzel der jeweiligen Diskette bzw. im Unterkatalog SB (bei Festplattenversion) abgespeichert.

24. Bestellung und Erstinstallation

Der «Steinbruch» als Programm muß an verschiedene Computertypen und Hardwarekombinationen angepaßt werden. Es existieren verschiedene «Steinbruch»-Versionen, die die gängigsten Typen und Kombinationen berücksichtigen. Es handelt sich dabei um Unterschiede im Bereich der Bildschirmsteuerung (verschiedene Graphikkarten), im Bereich der Massenspeicher (verschiedene Diskettenlaufwerke bzw. Festplatten) oder in der Größe des Arbeitsspeichers. Diese Unterschiede könnten sich, wenn sie nicht berücksichtigt würden, auf Geschwindigkeit und Steuerungskomfort des Programms negativ auswirken.

Abbildung 35 zeigt in Form einer kopierbaren Bestellkarte alle Informationen, die wir benötigen, um Ihnen die für Ihre Ausstattung am besten passende Version zuzusenden. Entnehmen Sie diese Informationen bitte der technischen Beschreibung Ihres Computers.

Sie brauchen einen IBM-kompatiblen Computer. Um «Steinbruch» benutzen zu können, muß er zwei Diskettenlaufwerke (jeweils 360 KB) – oder Festplatte und ein Diskettenlaufwerk – und einen Arbeitsspeicher von mindestens 128 KB[62] haben. Sie erhalten von uns entweder

1. sieben Disketten (jeweils 360 KB[63] oder
2. drei Disketten (jeweils 1,2 MB).

Version 2 ist *nur* für diejenigen Benutzer bestimmt, die über einen PC/AT ohne Festplatte und mit zwei Laufwerken verfügen. Für alle anderen Ausstattungen, mit oder ohne Festplatte, ist die Version 1 zuständig. Wenn man eine Festplatte hat, lädt

[61] In der lieferbaren Steinbruch-Version für Festplattenmassenspeicher wird der Unterkatalog des Programms *SB* genannt.

[62] Die Arbeit mit dieser Version ist allerdings ziemlich langsam. Besser sind 256 KB Arbeitsspeicher, die in den meisten Geräten ja inzwischen auch Standard sind. Wahrscheinlich ist zu dem Zeitpunkt, an dem Sie dies lesen, der Standard schon bei 512 KB angekommen, was für die Schnelligkeit der Benutzung von «Steinbruch» nur gut ist.

[63] Diese sieben Disketten gibt es in verschiedenen Varianten, die jeweils auf Ihre Computer-Ausstattung zugeschnitten sind. Deshalb ist es wichtig, daß Sie uns bei der Bestellung genaue Angaben über Ihre Ausstattung machen.

man die sieben Disketten einmal ein und arbeitet dann immer von der Festplatte aus. Das ist die bequemste und schnellste Lösung. Die Benutzung der Version mit zwei Diskettenlaufwerken (also der Version 1 und 2) sieht notwendigerweise einen Wechsel der Datendisketten im Laufwerk A und B bzw. nur in B vor. «Steinbruch» gibt dann immer an:

Bitte die Diskette x ins Laufwerk y einlegen.

Für alle Versionen werden Kopierprogramme sowie Datensicherungsprogramme mitgeliefert. Die Beschreibung der Vorgehensweise bei der Programminstallation wird ebenfalls auf Diskette mitgeliefert.

Unabhängig von der bestellten Programmversion sehen die ersten Schritte bei allen Computertypen gleich aus:

1. *Computer einschalten und dessen Betriebssystem laden.*
2. *Die Steinbruch-Diskette SB-A1 in das aktive Laufwerk einlegen.*
3. *den Dateinamen SBINFO*[64] *eintippen.*

Auf dem Bildschirm erscheinen nun alle Informationen, die sich auf die von Ihnen bestellte Programmversion direkt beziehen. Sie erhalten dort Hinweise zur Benutzung von mitgelieferten Hilfsprogrammen und zur weiteren Vorgehensweise.[65]

Wir sind bemüht, das Programm ständig zu verbessern, und würden uns daher auch über Verbesserungsvorschläge aus dem Kreis der Anwender freuen. Wir werden Ihre Ideen, wenn möglich, verwirklichen und andere Benutzer darüber informieren.

Ebenso stehen wir, die Autoren, als Ansprechpartner zur Verfügung bei Fragen, die sich möglicherweise im Zusammenhang mit der Installation bzw. der Bedienung des Programms ergeben (vgl. Adresse in *Abbildung 35*).

Der Komplettpreis für beide Steinbruch-Datenbank-Versionen beträgt jeweils DM 135,– (inkl. Porto und Verpackung).[66] Die Bestellung erfolgt direkt über die Autoren des Programms (vgl. Bestellformular *Abbildung 35*).

[64] Die Datei SBINFO.BAT ist eine Stapelverarbeitungsdatei, die die eigentlichen Textdateien (SB1.INF, SB2.INF usw.) auf dem Bildschirm darstellt. Sie können die *.INF-Dateien auch mit jedem beliebigen Textverarbeitungsprogramm lesen oder auch ausdrucken (z. B. mit dem Befehl print *.inf).

[65] Sollten Sie zu einem späteren Zeitpunkt eine neue Hardware-Konfiguration oder einen neuen Computer erwerben, sind wir bereit, Ihnen eine neue Version des Programms gegen Unkostenerstattung (eine Diskette, Verpackung und Porto) zu liefern.

[66] Stand der Preise vom 1. 10. 1987. Spätere Preisänderungen bei Weiterentwicklung des Programms vorbehalten.

Abbildung 35:
Bestellformular (als Kopiervorlage)

An
Romuald Skiba
Barlachweg 7
1000 Berlin 48

Hiermit bestelle ich das Steinbruch-Programm mit dazugehörender Datenbank (bestehend aus Daten zu 18 analysierten Lehrwerken) auf 3 bzw. 7 Disketten für folgende Hardwarekonfiguration:

1. Name des Computers:____________________
2. Größe des Arbeitsspeichers:____________________
3. Anzahl und Speichergröße der Laufwerke:____________________
4. Festplatte (Ja/Nein)?:____________________
5. Art der Graphikkarte (Graphikadapter):____________________

zum Komplettpreis von DM 135,-

Name:

Straße:

PLZ/Ort:

Datum: Unterschrift:

25. Literaturverzeichnis

AHMAD, K. et al (1985): *Computers, Language Learning and Language Teaching.* Cambridge.

BALDEGGER, M. et al (1980): *Kontaktschwelle.* Freiburg/Schweiz.

BARKOWSKI, H. (1982): *Kommunikative Grammatik und Deutschlernen mit ausländischen Arbeitern. Ein Modell.* Zitiert nach der zweiten, bearbeiteten Auflage 1986. Mainz: Werkmeister.

BARKOWSKI, H./HARNISCH, U./KUMM, S. (1980): *Handbuch für den Deutschunterricht mit Arbeitsmigranten.* Zitiert nach der zweiten, durchgesehenen und ergänzten Auflage 1986. Mainz: Werkmeister.

BARKOWSKI, H. et al (1980): *Deutsch für ausländische Arbeiter. Gutachten zu ausgewählten Lehrwerken.* Zitiert nach der dritten, aktualisierten und erweiterten Auflage 1986, hrsg. von Hans-Jürgen Krumm. Mainz: Werkmeister.

CAD (1976) = Cooperative Arbeitsdidaktik/Institut für Zukunftsforschung: *Lernstatt im Wohnbezirk.* Berlin.

CURRAN, C. (1972): *Counseling-Learning.* New York. London.

DEUTSCHER VOLKSHOCHSCHULVERBAND/GOETHE-INSTITUT (Hg.) (1977): *Das Zertifikat DaF.* Bonn/München.

DIETRICH, I. (1979): «Freinet-Pädagogik und Fremdsprachenunterricht». In: *Englisch-Amerikanische Studien* 4, 542–563.

DUDEN (1984): Band 4. Grammatik der deutschen Gegenwartssprache. 4. Auflage. Mannheim/Wien/Zürich: Bibliographisches Institut/Dudenverlag.

ECKES, H. (1975): *Deutsch für Dich.* Bd. 1. München: Hueber.

ECKES, H./WILMS, H. (1975): *Deutsch für Jugendliche anderer Muttersprache. Berufsschule.* Grundkurs, Grundbuch. Grünwald: Institut für Film und Bild in Wissenschaft und Unterricht.

ECKES, H./WILMS, H. (1975a): *Deutsch für Jugendliche anderer Muttersprache. Berufsschule.* Grundkurs, Arbeitsheft. Grünwald: Institut für Film und Bild in Wissenschaft und Unterricht.

ESSINGER, H. / HOFF, G. (1985): «Sozialisationsbedingungen ausländischer Kinder und deren Einwirkungen auf den Unterricht». In: *Info zur pädagogischen Arbeit mit ausländischen Kindern* 12, 3–16.

FREINET, C. (1980): *Pädagogische Texte.* Reinbek: Rowohlt.

FRITSCHE, M. (1981): «Unterrichtwerke für ausländische Kinder. Kriterienkatalog». In: Arbeitskreis ‹Deutsch als Fremdsprache DAAD› (Hg.): *Analyse und Evalvation von Lehrmaterialien für Deutsch als Fremdsprache im In- und Ausland.* Regensburg, 69–80.

GÖBEL, R. (1983): *Deutsch mit Fortgeschrittenen.* Frankfurt/Main: Scriptor.

GRADEWALD, J. (1971): *Wir sind dabei.* Bd. 1. München: Hueber.

GRADEWALD, J. (1975): *Wir sind dabei.* Bd. 2. München: Hueber.

HELBIG, G. / KÖTZ, W. (1981): *Die Partikeln.* Leipzig: Enzyklopädie.

KEMME, H. (1979): *«Ja», «denn», «doch» usw.. Die Modalpartikeln im Deutschen.* München: Goethe-Institut.

KOURUKMAS, P. (1987): «Sind Modalpartikeln lehrbar geworden? Partikellehren für Deutsch als Fremdsprache aus den Jahren 1979 bis 1984». In: *Info Deutsch als Fremdsprache* 14, 2, 99–110.

KRUMM, H.-J. (1983): «‹Nur die Kuh gibt mehr Milch, wenn Musik erklingt›. Kritische Anmerkungen zum Methoden-Boom oder: Plädoyer für eine Veränderung der Unterrichtskommunikation durch Ernstnehmen der Kursteilnehmer statt durch alternative Methoden». In: *Zielsprache Deutsch* 4, 2–13.

KRUMM, H.-J. / STICKEL, G. / WIERLACHER, A. (1975): «Kriterien zur Bewertung von Lehrwerken für den Unterrichtsbereich Deutsch als Fremdsprache». In: Wierlacher, A. et al (Hg.): Jahrbuch Deutsch als Fremdsprache. Bd. 1. Heidelberg, 93–101.

KUMMER, M. (1984): *Modalpartikeln: ‹Denn›, ‹doch›, ‹eben›, ‹eigentlich›, ‹etwa›, ‹ja›.* Bonn: Inter Nationes.

LANGENSCHEIDT-REDAKTION (Hg.) (1985): *Computergestützter Fremdsprachenunterricht.* Berlin: Langenscheidt.

LOHFERT, W. (1982): «‹Lehrwerk-Puzzle›. Ein grundlegendes Verfahren in der Fortbildung zur lerner- und unterrichtsorientierten Analyse, Beurteilung und Bearbeitung von Lehrwerken». In: Krumm, H. J. (Hg.): Lehrwerkforschung – Lehrwerkkritik Deutsch als Fremdsprache. München: Goethe-Institut, 36–69.

LOHFERT, W. (1983): *Kommunikative Spiele für Deutsch als Fremdsprache.* München: Hueber.

MANNHEIM I (1978) = Kommission für Lehrwerke DaF: *Mannheimer Gutachten zu ausgewählten Lehrwerken Deutsch als Fremdsprache.* Heidelberg.

MANNHEIM II (1979) = Engel, U./Krumm, H.-J./Wierlacher, A.: *Mannheimer Gutachten zu ausgewählten Lehrwerken Deutsch als Fremdsprache.* Bd. 2. Heidelberg.

MÜLLER, B.-D. (1981): «Handlungsorientierter Mediengebrauch». In: Wierlacher, A. et al (Hg.): *Jahrbuch Deutsch als Fremdsprache.* Bd. 7. Heidelberg, 166–185.

NEUNER, G./MELLINGHAUS, G./SCHMIDT, R. (1975): *Deutsch in Deutschland – Neu.* Teil 1. Grundkurs. Tübingen.

PETERS, F./LAMMEL, W. (1972): *Sprechen Sie Deutsch?* Paderborn: Schöningh.

PIEPHO, H.-E. (1980): *Deutsch als Fremdsprache in Unterrichtsskizzen.* Heidelberg: Quelle & Meyer.

PUENTE, J. M. et al (1980): *Das Deutschbuch.* Grundbuch. Jugendliche. Niedernhausen/Ts.: Falken-Verlag.

PUENTE, J. M. et al (1980a): *Das Deutschbuch.* Arbeitsheft. Niedernhausen/Ts.: Falken-Verlag.

PUENTE, J. M. et al (1981): *Das Deutschbuch.* Aufbaukurs. Niedernhausen/Ts.: Falken-Verlag.

RÖSLER, D. (1983): «Der Erwerb von Abtönungspartikeln im institutionalisierten Lernprozeß Deutsch als Fremdsprache». In: Weydt (Hg.): *Partikeln und Interaktion.* Tübingen: Niemeyer, 291–300.

RÖSLER, D. (1983a): «Endstation: Integrierter Fremdsprachenunterricht». In: Appel, J./Schumann, J./Rösler, D.: *Progression im Fremdsprachenunterricht.* Heidelberg: Groos, 117–172.

RÖSLER, D. (1984): *Lernerbezug und Lehrmaterialien DaF.* Heidelberg: Groos.

RÖSLER, D. (1986): Leistung und Grenzen metakommunikativer Elemente in Deutsch als Fremdsprache – Lehrwerken. In: Wierlacher, A. et al (Hg.): *Jahrbuch Deutsch als Fremdsprache,* Bd. 11, 36–59.

RÖSLER, D. (1987): «Möglichkeiten der Verankerung interkulturellen Lernens im DaF-Material der Grundstufe». In: *Zielsprache Deutsch* 1, 23–29.

RÖSLER, D./SKIBA, R. (1985): «Der Aufbau eines vernetzten Steinbruchs für Lehrmaterialien für Deutsch als Zweitsprache. Ein Zwischenbericht». In: *Info zur pädagogischen Arbeit mit ausländischen Kindern,* 13, 3–32.

ROGERS, D. (1969): *Freedom to Learn.* Columbus.

RÜSCHOFF, B. (1986): *Fremdsprachenunterricht mit computergestützten Materialien.* München: Hueber.

SCHÄPERS, R. (1981): *Deutsch für junge Leute.* Bd. 1. München: Verlag für Deutsch.

SCHÄPERS, R. (1982): *Deutsch für junge Leute.* Bd. 2. München: Verlag für Deutsch.

SCHERLING, T./SCHUCKALL, H.-F./WILMS, H. (1982): *Deutsch hier.* Lehrbuch, Bd. 1. Berlin/München: Langenscheidt.

SCHERLING, T./SCHUCKALL, H.-F./WILMS, H. (1985): *Deutsch hier.* Arbeitsbuch. Berlin/München: Langenscheidt.

SCHÖLER, W./GÜNHAN, H. (1983): *Deutsch für junge Türken.* Text- und Übungsbuch zum Radiolehrgang. München: Hueber.

SPIER, A. (1981): *Mit Spielen Deutsch lernen.* Frankfurt/Main: Scriptor.

SKIBA, R. (1987): Computerunterstützte Analyse von sprachlichen Daten (vervielfältigtes Skript).

STEINMÜLLER, U./SCHARNHORST, U. (1985): «Fachsprachen als Lehr- und Lernhindernisse im Unterricht mit ausländischen Schülern». In: *Info zur pädagogischen Arbeit mit ausländischen Kindern* 12, 57–78.

WEYDT, H. et al (1983): *Kleine deutsche Partikellehre.* Stuttgart: Klett.

Lernen mit Ausländern
Erfahrungen und Konzepte

H. Barkowski/M. Fritsche/R. Göbel/G. von der Handt/U. Harnisch H.-J. Krumm/S. Kumm/A.-K. Menk/P. Nikitopoulos/M. Werkmeister
Deutsch für ausländische Arbeiter
Gutachten zu ausgewählten Lehrwerken
3., aktualisierte und erweiterte Auflage 1986,
hrsg. von H.-J. Krumm. 252 Seiten mit zahlreichen Abbildungen, kart.
ISBN 3-925385-11-8

Ülkü Gürkan/Klaus Laqueur/Petra Szablewski
Aus Erfahrung lernen
Ein Leitfaden für den Deutschunterricht mit türkischen Frauen
3., bearbeitete und ergänzte Auflage 1986. 164 Seiten
mit zahlreichen Abbildungen, kart.
ISBN 3-925385-15-0

Hans Barkowski
Kommunikative Grammatik und Deutschlernen mit ausländischen Arbeitern
Ein Modell
2., bearbeitete Auflage 1986. 236 Seiten, kart.
ISBN 3-925385-14-2

Richard Göbel
Kooperative Binnendifferenzierung im Fremdsprachenunterricht
2., bearbeitete Auflage 1986. 188 Seiten mit 18 Arbeitsblättern, kart.
ISBN 3-925385-13-4

Hans Barkowski/Ulrike Harnisch/Sigrid Kumm
Handbuch für den Deutschunterricht mit Arbeitsmigranten
2., durchgesehene und ergänzte Auflage 1986. 384 Seiten
mit zahlreichen Abbildungen, kart.
ISBN 3-925385-12-6